Judith Eberharter & Ria Klingelhöller

In 100 Tagen Virtuell Work meistern

*Ein Praxisbuch zur virtuellen Inspiration,
um den Wandel in der Führungskultur aktiv zu gestalten*

In 100 Tagen
Virtuell Work meistern

*Ein Praxisbuch zur virtuellen Inspiration,
um den Wandel in der Führungskultur aktiv zu gestalten*

JUDITH EBERHARTER & RIA KLINGELHÖLLER

IMPRESSUM

Bibliografische Information der Deutschen Nationalbibliothek. Die Deutsche Nationalbibliothek verzeichnet diese Publikation in der Deutschen Nationalbibliografie; detaillierte bibliografische Daten sind im Internet über http://dnb.dnb.de abrufbar.

© 2023 Judith Eberharter & Ria Klingelhöller

Umschlaggrafik und Illustrationen: © Judith Eberharter
Umschlagbild: Buravleva stock/ Shutterstock.com
Satz, Umschlaggestaltung, Herstellung und Verlag:
BoD – Books on Demand, Norderstedt
ISBN: 978-3-7562-8234-0

WIR STELLEN UNS VOR

JUDITH: „VERSTEHEN, IMPULSE SETZEN UND BEFÄHIGEN."

Seit über zwanzig Jahren bin ich im internationalen Projektmanagement und Wissensmanagement unterwegs. Sehr vertraut ist mir die Beratung und Begleitung bei Leadership-Konzepten mit Erfolgskontrollen (vor Ort und virtuell), welche für eine nachhaltige Umsetzung sorgen.

Meine Kompetenz gründet auf mehr als zwanzig Jahren Erfahrung in der internationalen freien Wirtschaft (Textilindustrie: 6 Jahre, Gesundheitswesen/Medizintechnik: 17 Jahre) und Positionen im Verkauf, im Produktmanagement, im Einkauf, im Marketing, im Wissensmanagement und im Qualitätsmanagement. Alle Stationen haben gemeinsam, dass die Wahl der Methoden für das Projektmanagement, der Wissenstransfer und die begleitende Erfolgskontrolle der Teams für die erfolgreiche Umsetzung und die Bildung von autonomen (selbstorganisierten) Teamformen unabdingbar sind.

Als Leader weiß ich um die Kraft, die digitale Lösungen im Arbeitsalltag den Mitarbeitenden, Kunden und Partnern bieten. Meine Passion ist es, die Herausforderungen zwischen Leadership und den Mitarbeitenden durch den Einsatz von Werkzeugen in Form von Methoden in eine wertschöpfende Balance für das Unternehmen und alle Beteiligten zu bringen. Das Ziel und Ergebnis ist immer die erfolgreiche Zusammenarbeit von Teams in ihrer Vielfalt, vor Ort Face to Face oder virtuell. Dafür setze ich mich ein und das garantiere ich.

RIA: „VERTRAUEN UND VERANTWORTUNG."

Seit über zwanzig Jahren bin ich im internationalen Bildungsmanagement tätig. Ich bin durch die Arbeit mit Mitarbeitenden in der Schweiz, in Österreich und Deutschland vertraut mit digitalen Formaten und dem Führen virtueller Teams.

Durch das Studium und anschließende Tätigkeiten bei deutschen und internationalen Bildungsträgern konnte ich meine Kenntnisse über Lernkonzepte, Persönlichkeitsmodelle und Qualitätssicherungen anwenden und ausbauen. Auf In- und Auslandsreisen lernte ich Menschen und deren Kulturen kennen und lieben, was meine Haltung und die Art und Weise, wie ich mit Teams arbeite, prägt.

Im Leadership mache ich die Erfahrung, dass durch Eigenverantwortung und Vertrauen eine gemeinsame Arbeitsbasis von Mitarbeitenden und Führungskräften geschaffen wird, die zu einer höheren Effektivität und Effizienz führt. Ich setze Leitplanken: Je höher mein Vertrauen in die Mitarbeitenden ist, desto höher wird deren Verbindlichkeit in der Sache und ihre Verlässlichkeit in Bezug auf die eigene Person. Eine starke Mitarbeiterzufriedenheit auf der einen Seite und eine nicht minder hohe Ergebnisqualität auf der anderen Seite lassen mich an den Wandel in Führungskulturen glauben und daran festhalten.

Ich bleibe neugierig und nutze gerne neue, kreative Methoden, um Gruppen, Einzelpersonen und ganze Abteilungen zu Teams zu formen – unabhängig davon, ob dies in Präsenz oder als Virtuell Work erfolgt.

INHALTSVERZEICHNIS

Wir stellen uns vor 5
Vorwort 10
Zur Lesart des Buches 13
1 Warum wir an Virtuell Work glauben 15
    1.1 Virtuell Work – was ist das? 17
    1.2 Was steckt hinter Virtuell Work? 18
    1.3 Virtuell Work ist nicht immer das Gelbe vom Ei, oder? ... 26
    1.4 Kaffeepause vorm Laptop während der Arbeitszeit? 30
2 Leitplanken setzen 35
    2.1 Lernkultur first 38
    2.2 Ein starkes Duo: Vertrauen und Verantwortung 42
    2.3 Kommunikation: der Schlüssel zum Verstehen & Vernetzen 52
    2.4 Der selbstorganisierte Arbeitsplatz 62
    2.5 Eigenverantwortung als Motivationsschub 66
3 Leadership und Management 71
    3.1 Kultur der virtuellen Führung ortsunabhängiger Teams 74
    3.2 Virtuelle Umsetzung ist ein Führungsthema 80

4 In 100 Tagen VIRTUELL WORK meistern **85**
   4.1 Orientierung...86
      4.1.1 Vision, Mission und Zieldefinition........................86
      4.1.2 Handlungsspielraum und Stakeholder 92
   4.2 Analyse und Entscheidung..96
      4.2.1 Ein guter Start mit der passenden Methode.............98
   4.3 Interaktion 102
      4.3.1 Wie schaffen Sie Vertrauen? 106
      4.3.2 Wie klappt's denn so mit der Kommunikation?......110
      4.3.3 Wie bringen Sie Eigenverantwortung nach vorne?.116
      4.3.4 Wie fördern Sie Selbstorganisation? 122
   4.4 Implementierung 124
      4.4.1 Umsetzung: Agile Agenda und Training 126
   4.5 Reflexion 132
      4.5.1 Begleitung: Change und Erfolgsfaktoren 134
5 Ein Blick in die Zukunft **138**
Literaturverzeichnis..**142**

VORWORT

Teams leben und arbeiten dort, wo es sie hintreibt und wo WLAN verfügbar ist – ob in Zürich, Köln, auf dem Land oder unterwegs auf Reisen, mit allen Vor- und Nachteilen, die Sie kennen und bedenken sollten.

Für das Leadership liegt die Herausforderung darin, eine gute Balance zu finden zwischen den Mitarbeitenden und dem Unternehmen, damit der Mehrwert des ortsunabhängigen Arbeitens – wie Zeitersparnis, reduzierte Kosten durch den Wegfall von Räumlichkeiten und eine bessere Vereinbarkeit von Beruf, Familie und Freizeit – optimal von allen Beteiligten genutzt werden kann.

Dabei zeigt sich, dass beim Virtuell Work die bekannten Muster, Macken und typischen Verhaltensweisen verstärkt werden, wobei im „Zweidimensionalen" vieles deutlicher zu erkennen und im gleichen Moment versteckter denn je ist. Das stellt nicht nur die Teammitglieder vor neue Herausforderungen, sondern uns in der Führungsfrage und die Führungskultur gleichermaßen.

Es gilt, das eigene Unternehmen, die eigene Kultur, zu verstehen und daraus abzuleiten, welche Maßnahmen getroffen werden müssen, um zukunftsfähig aufgestellt zu sein.

Das vorliegende Buch macht sichtbar, dass der Erfolg für die virtuelle Führung darin liegt, wie Sie in Ihrer Rolle als Leader eine Struktur in Form einer digitalen Plattform schaffen, welche es ermöglicht, dass Mitarbeitende miteinander arbeiten können. Das Leadership übernimmt dabei die wichtige Rolle eines Coaches und befähigt die

Mitarbeitenden, durch **Vertrauen** in die **Eigenverantwortung und Selbstorganisation** zu wachsen und gemeinsam im Team Entscheidungen zu treffen.

Begleiten Sie uns auf einer spannenden Reise zu den Möglichkeiten, welche die heutigen IT-Technologien und **virtuellen Kommunikationsformate** bieten. Wir möchten mit Ihnen die Lösungen für Fragen und Herausforderungen des ortsunabhängigen Arbeitens teilen, die für uns und unsere Mitarbeitenden und Unternehmen funktionieren. Unsere eigenen Erfahrungen werden ergänzt durch aktuelle Literatur von Experten aus dem wirtschaftlichen Umfeld.

Wir wünschen Ihnen viel Freude und gute Impulse auf Ihrer digitalen Reise zu einem erfolgreichen **Virtuell Work**.

ZUR LESART DES BUCHES

Die Ausgangslage, die wir in diesem Buch darstellen, ist uns in ähnlicher Form, in ganz unterschiedlichen Projekten und Unternehmen, immer wieder begegnet. Aus diesem Grund veranschaulichen wir die **„5 Phasen der virtuellen Integration"** anhand unserer Erfahrung mit Teams und Führungskräften. In den „Tipps" weisen wir explizit auf Situationen hin, die wir selbst in der Praxis erlebt haben. Wenn Sie über einen Sachverhalt ein wenig länger nachdenken möchten, schauen Sie sich die „Impulse" an. Mit geführten Fragestellungen oder auch einer Art Checkliste beleuchten wir die Thematik aus unterschiedlichen Perspektiven. Im „Hintergrundwissen" nennen wir weiterführende Quellen und einschlägige Fachliteratur. Bei der Auswahl der Experten liegt der Fokus auf Erfahrung und Wissen zu strategischen Themen, deren Umsetzung eine hohe Fachkompetenz in Organisationsentwicklung, Management und Führung voraussetzt.

In diesem Buch geht es uns weniger um den Einsatz und die Empfehlung von kollaborativen Tools. Im Internet werden Sie sehr viel dazu finden, ebenso Fachliteratur und natürlich auch Fortbildungskurse empfehlen wir wärmstens.

Wir möchten Sie vor allem dazu einladen, unsere Impulse für die eigene Achtsamkeit zu nutzen, denn das hält Sie auf Zielkurs im Transformationsprozess, der ein fortlaufendes „Dranbleiben", wir nennen es auch gerne Disziplin, benötigt.

Dieses Buch lädt Sie ein, unsere Tipps, Impulse und unser Hintergrundwissen für Ihre eigenen Themen zu nutzen. Es gibt immer wieder Möglichkeiten für Sie, Notizen zu machen. Gezielte Fragen sollen Sie befähigen, notwendige und nachhaltige Entscheidungen zu treffen. Wir wünschen Ihnen viel Freude dabei!

1 WARUM WIR AN VIRTUELL WORK GLAUBEN

Der Gedanke, jederzeit von irgendwo auf der Welt aus zu arbeiten, hat uns beide schon immer fasziniert. Dass wir schon seit Jahren Virtuell Work betreiben und so das ortsunabhängige Arbeiten in verschiedenen Unternehmen maßgeblich nach vorne bringen konnten, gibt Ihnen den Vorteil einer praxisnahen und praxiserprobten Umsetzung von Virtuell Work. Unsere Motivation, dieses Buch zu schreiben, ist aus unserer Überzeugung hervorgegangen, dass mit der heutigen IT-Technologie ein geografisch unabhängiges Arbeiten möglich ist.

Dies ist vortrefflich – birgt aber ein hohes Konfliktpotenzial, wenn sich die Unternehmenskultur, der Führungsstil nicht daran anpassen. Aus unseren Arbeitserfahrungen mit europaweit agierenden Teams leiten wir Problemstellungen ab, welche wir in diesem Buch vertiefen und aus denen wir Umsetzungsempfehlungen im Sinne einer Nutzenargumentation für interessierte Leaderships und Unternehmen definieren. Es geht uns dabei weniger darum, einen Weg vorzugeben, sondern darum, Ihre Kreativität als Führungsperson anzuregen, und dass Sie Ihren Weg mit Ihrem Team finden. Jeder LEADER, jedes Unternehmen muss für sich entscheiden, welche Form von Verantwortung übernommen werden kann und will. Die Kunst beim Thema Vertrauen ist weniger zu sagen: „Ab morgen vertraue ich allen." Die wahre Kunst liegt, nach unserer Erfahrung, darin, gerade wenn etwas nicht funktioniert, wenn Mitarbeitende unser Vertrauen stark strapazieren, zu erkennen, dass das ein Symptom dafür ist, dass etwas in der Strategie, in der Prozesslandschaft, in der

Aufgabenverteilung, der Kompetenz des Mitarbeitenden, der IT-Landschaft, der Kultur des Unternehmens und bei den gelebten Werten nicht stimmt.

Es beginnt mit Ihrer eigenen Grundhaltung, dass Sie Ihren Mitarbeitenden vertrauen und weniger auf Kontrolle, sondern mehr auf Eigenverantwortung setzen. Es geht darum, welche Ergebnisse Ihre Teammitglieder produzieren, und nicht darum, ob sie zusammen im gleichen Zimmer sitzen oder von 8 bis 17 Uhr erreichbar sind. Zudem wird durch die virtuelle Arbeitsweise der Teamgedanke in den Fokus gestellt. Das sogenannte Silodenken gilt es aufzubrechen und die Kenntnisse und Fertigkeiten jedes Einzelnen so zu balancieren, dass aus Diversität mehr Erfolg und Gewinn erzielt werden kann. Ergebnisse werden gemeinsam erreicht und bereichern dadurch alle.

Sie erschrecken nicht? Das Buch ist noch geöffnet? Sie zählen somit zu der neuen Liga von Leadern, die verrückt genug sind, wie wir daran zu glauben, dass eine neue Form der Mitarbeiterführung zu mehr Vertrauen führt. Dann laden wir Sie gerne ein, uns weiterhin zu begleiten.

1.1 Virtuell Work – was ist das?

Was bedeutet digitales Arbeiten – Virtuell Work – Remote Work – Homeoffice – Smart Office – Flex-Office – Arbeiten von zu Hause aus – ortsunabhängiges Arbeiten – flexibles Arbeiten? Allen Begriffen ist eines gemeinsam: das Prinzip, dass man von einem beliebigen Ort aus arbeiten kann und dabei fast ausschließlich telefonisch, virtuell oder online kommuniziert. Einen festen Arbeitsplatz in einem Bürogebäude gibt es nicht. In jüngster Zeit tauchen diese Begriffe mehr und mehr in unserem Arbeitsalltag auf, ebenso wie sich die neuen Arbeitsformen immer stärker etablieren.

Da sich diese Formate erst noch entwickeln und in der Erprobung befinden, wird es sicher noch eine Weile dauern, bis klare Definitionen und Abgrenzungen gefunden sind und sich ein einheitliches Verständnis durchgesetzt hat. Die Unterscheidung zwischen Homeoffice und Flex-Office gilt als etabliert. Während sich der Arbeitgeber beim Homeoffice gesetzlich verpflichtet, unter Berücksichtigung bestimmter Kriterien im häuslichen Umfeld der Mitarbeitenden einen festen Arbeitsplatz einzurichten, ist dies im Flex-Office nicht notwendig. Hier sind die Mitarbeitenden mal in der Geschäftsstelle, mal in den eigenen vier Wänden tätig. Dieses Buch befasst sich mit den Problemfeldern und Erfolgsfaktoren für das ortsunabhängige Arbeiten von Teams unter Einbezug von virtuellen Methoden und IT-Technologie. Aspekte der Human-Resources-Abteilung, wie das Arbeits- und Steuerrecht der Länder, Stellenbeschreibungen und Beurteilungsgespräche werden in diesem Buch nicht behandelt. Ebenso sind regulatorische Anforderungen hinsichtlich Datenzugang, die Einschränkung von Datenzugriffen und der Umgang mit sensitiven Daten nicht Bestandteil dieses Buches. Wichtig erscheint uns an dieser Stelle, dass

Sie sich Ihrer Stakeholder gerade in diesen Bereichen gewiss sind.

1.2 Was steckt hinter Virtuell Work?

Durch die Digitalisierung eröffnen sich neue Wege, andere Arbeits(zeit)modelle und Handlungsoptionen. Das Konzept hinter Virtuell Work besteht für uns in einem freizügigen und selbstbestimmten Arbeiten mit mehr Flexibilität und Eigenverantwortung. Aus eigener Erfahrung können wir berichten, dass sich durch die hohe Flexibilität direkt Zufriedenheit sowie eine Steigerung des Gesundheitsgefühls und der Produktivität der Mitarbeitenden feststellen lassen. Virtuell Work ermöglicht beispielsweise einen Zeitgewinn: Der Weg zur oder von der Arbeit kostet manches unserer Teammitglieder monatlich viele Stunden und Nerven. Beim Virtuell Work wird diese Zeit eingespart und kann produktiver, ja sogar gesundheitsfördernd verwendet werden. So startet ein Teammitglied morgens mit zehn Minuten Yoga, ein anderes joggt eine Runde im Park. In diesem Arbeitsmodell ist es möglich, die Balance zwischen (Privat-)Leben und Arbeit harmonischer zu gestalten, ohne das eine dem anderen unterzuordnen, zum Beispiel kann man das Kind zur Kindertagesstätte fahren, zwischendurch einkaufen oder mit dem Hund Gassi gehen. Auch die Unterstützung pflegebedürftiger Angehöriger oder der Kontakt zu Beziehungspartnern, die im Ausland leben, können mit diesem Arbeitsmodell in Einklang gebracht werden. Ebenso lassen sich Vollzeit- oder Teilzeitarbeit damit flexibler gestalten, wobei man weiterhin von allen Vorteilen eines festen Arbeitsvertrags profitiert.

HINTERGRUNDWISSEN

Remote-Mitarbeitende können einen unerwarteten Vorteil für das Unternehmen bringen. Wenn nicht täglich der gleiche physische Raum, die bekannte Rahmenstruktur geteilt werden muss, kann das zu einer Reduktion an Arbeitsplatzdramen führen. Diese Verringerung von Konflikten kann die Produktivität steigern und die emotionale Energie aller balancieren (vgl. Johnson, 2019). Vorteile für den Arbeitgeber, der Virtuell Work anbietet, zeigen sich zudem in einer deutlichen Reduzierung von Räumen und Ausstattung. Häufig werden für gelegentliche Termine und Gespräche sowie den kreativen Austausch in Präsenz Meetingräume genutzt. Hier ist bei der Anwendung von Virtuell Work generell mit einer Kostenersparnis zu rechnen. Große Büroanmietungen, Parkplatzgebühren, Kantinenkosten, Kosten für Fahrstuhl, Beleuchtung, Telefon, Drucker und damit verbundene Reparatur- und Instandhaltungskosten werden für Mitarbeitende reduzierter benötigt. Weiterhin unterstützen virtuell geführte Teams die Unternehmen in betriebswirtschaftlicher Hinsicht, zum Beispiel durch eine Reduzierung des Reisebudgets.

Positive Auswirkungen von Virtuell Work:
- ✓ Selbstverantwortung
- ✓ Motivation
- ✓ Flexibilität
- ✓ Zufriedenheit
- ✓ Effektivität
- ✓ Produktivitätssteigerung
- ✓ Gesundheit
- ✓ Kostenreduzierung. Achtung: Unterschied von Arbeitgeber- und Arbeitnehmersicht

Des Weiteren eröffnet sich mit dem ortsunabhängigen Arbeiten im Prinzip allen Arbeitgebern ein größerer Arbeitsmarkt. Geeignete Jobprofile, talentierte Menschen gibt es nicht nur am Ort der Geschäftsstelle, sondern auch über die Stadt- bzw. Landesgrenzen hinaus. War es bislang für Firmen, die in ländlichen Bereichen ihre Niederlassung hatten – und das trifft auf einen Großteil der mittelständischen Unternehmen zu – eher schwierig, als attraktive Arbeitgeber im Markt wahrgenommen zu werden, wird dies durch Virtuell Work aufgehoben. Diejenigen, die weiterhin gerne in der Stadt leben möchten, können für eine Firma „auf dem Land" arbeiten, ohne das vielseitige Freizeitangebot und das Stadtflair einbüßen zu müssen. Diejenigen, die die Vorzüge des Landlebens wie Ruhe und viel Grün genießen möchten, können dies ebenso, auch wenn der Firmensitz in der Großstadt liegt. Das schont zudem die Umwelt, denn durch Virtuell Work ist eine Jobzusage umsetzbar, ohne dass ein Umzug erfolgen muss. Der Fachkräftemangel wird so ebenfalls reduziert und neue Ressourcen und Potenziale in Unternehmen können freigesetzt werden.

Festzuhalten ist, dass sich durch Virtuell Work eine neue Führungskultur entwickeln und etablieren wird. Diese Kultur ist wesentlich weniger hierarchisch, sondern vielmehr durch einen teamorientierten, selbstbestimmten und inspirierenden Führungsstil geprägt. Das bedeutet, dass Sie reflektieren und lernen, von der Rolle „Ich bin Chef" Abstand zu nehmen, und sich als ein Teil des Teams sehen – zusätzlich zur bekannten Rolle des Leadership.

Zu berücksichtigen ist, dass sich mehrere Kulturen parallel bilden können, wenn ein Teil des Teams im Homeoffice arbeitet und ein anderer Teil vor Ort eingesetzt wird. Dieses gilt es als Leadership zu erkennen und durch den Einsatz von entsprechenden Maßnahmen in Balance zu bringen. Wenn Sie das Remote-Arbeiten unterstützen möchten, sind gezielte und regelmäßige Gespräche mit den Mitarbeitenden notwendig. Wir empfehlen eine ausgewogene Mischung von Einzel- und Teamgesprächen. Dabei ist es wichtig, dass die Gespräche Ihr Interesse an den Mitarbeitenden zeigen. Sie werden sehen: Missverständnisse können so besser erkannt und besprochen werden, Konflikte werden sich reduzieren.

Es gilt, neue Managementmethoden zu berücksichtigen, sobald Mitarbeitende an ihren Arbeitsplatz im Unternehmen zurückkehren, während andere physisch abwesend weiterarbeiten. Die Aufgabe des Leaderships wird vermehrt in der Verwaltung von Remote First liegen. Lösungen für eine optimale Zusammenarbeit müssen gestaltet werden, damit die Wahrscheinlichkeit eines Ausschlusses von einzelnen Mitarbeitenden so gering wie möglich gehalten wird (vgl. Bick, Seywald, & Welchman, 2020, abgerufen am 15. April 2021).

TIPP

- Zusätzliche Bildschirme erleichtern die Arbeit mit mehreren Softwareprogrammen.
- Reglement der Firma prüfen.
- Mit den Mitarbeitenden den optimalen Arbeitsplatz besprechen, Ergonomie erwünscht? Höhenverstellbarer Tisch für alle Mitarbeitenden einsetzbar?

NUTZEN

- ✓ Produktivität (viele Softwareprogramme benötigen mehrere Bildschirme, bessere Übersicht etc.)
- ✓ Ergonomie (bessere Haltung, Vorbeugung von Bandscheibenvorfall)
- ✓ Konzentration

IMPULS

Bestimmte technische Voraussetzungen sind für das virtuelle Arbeiten notwendig: Breitband-Verbindungen, PC/Laptop, zusätzliche Bildschirme oder Smartphones sowie spezielle Software für sichere Datenübertragung bei Webinaren und Webmeetings. Wie wichtig eine gute und stabile Internetverbindung ist, wird jedem von uns vor Augen geführt, wenn die Verbindung mitten in einem Meeting abbricht. Dafür, dass dies nicht passiert, sollten Sie in Ihrem Unternehmen sorgen und jeder Mitarbeitende bei sich zu Hause oder wo er sich gerade befindet. Dies kann auch eine der Regeln sein, die Sie mit dem Team vereinbaren: Wenn Meetings, wichtige Diskussionen oder kreative Phasen anstehen, ist eine stabile Internetleitung von allen vorzuhalten.

Was sonst beim Virtuell Work möglich ist, nämlich auch, im Café oder im Garten zu arbeiten, sollte in bestimmten Arbeitsphasen nur durch Berücksichtigung von datenschutzrechtlichen Bestimmungen und Patentschutzrechten erfolgen. Zudem hat der Einsatz von geeigneten IT-Tools eine sehr positive Marketingwirkung auf das Umfeld, nämlich dass hier ein sehr moderner Arbeitgeber wirkt, der weiß, was bei Remote-Arbeiten im Homeoffice benötigt wird.

AUF WELCHEM NIVEAU BEFINDEN SICH DIE ARBEITSPLÄTZE IHRER MITARBEITENDEN TATSÄCHLICH?

Besteht Optimierungspotenzial? In welchem Bereich, an welchem Arbeitsplatz?

Für uns liegt es auf der Hand: Virtuell Work ist ein Modell der modernen Arbeitswelt, mit Vorteilen für Mitarbeitende, Arbeitgeber und Umwelt.

IMPULS
MEIN VERSTÄNDNIS VON LEADERSHIP

MEINE WAHRNEHMUNG

Welchen Führungsstil habe ich?
- ...
- ...
- ...

Bin ich bereit für Virtuell Work?
- ...
- ...
- ...

Wie sind bei mir Vor-Ort-Präsenz und Homeoffice zeitlich aufgeteilt?
- ...
- ...
- ...

Warum arbeite ich gerne im Office und warum nutze ich gerne virtuelle Plattformen?
- ...
- ...
- ...

Ich nehme Widerstände in meinem Team wahr in Form von:
- ...
- ...

Ich nehme Widerstände in anderen Teams wahr in Form von:
- ...
- ...

1.3 Virtuell Work ist nicht immer das Gelbe vom Ei, oder?

Grenzen gibt es überall. Auch Virtuell Work ist bestimmt nicht für jedes Tätigkeitsfeld geeignet, aber sicherlich doch in mehr Bereichen, als es bislang eingesetzt wird. Etliche Herausforderungen stehen an, nicht nur für Ihre Mitarbeitenden, sondern auch für Sie als Leader. Bekannte, vielleicht auch geliebte Handlungsweisen und das sichere Terrain werden ziemlich wahrscheinlich aufgegeben, auf jeden Fall aber neu gedacht werden müssen. Wir können Sie nur ermutigen: Wagen Sie den Schritt!

Viele Mitarbeitende, die im Homeoffice tätig sind, berichten, dass zu Hause ein konzentrierteres Arbeiten möglich sei als im Büro mit den Unterbrechungen durch Kollegen und Führungskräfte. Aber Vorsicht: Erhöht Virtuell Work den Arbeitslevel und den Stresspegel, kann der gegenteilige Effekt eintreten.

Ein gutes Zeit- und Selbstmanagement ist nicht selbstverständlich. Beim Homeoffice muss es angepasst werden an die neuen Herausforderungen (Familie, Kinder, etc.) und das Arbeitspensum. Bislang gab es den äußeren Rahmen, nun gilt es, den inneren Schweinehund zu besiegen, ohne Außenbedingungen. Denn es fehlt der strukturierende Tagesablauf des Büroalltags:

Das beginnt schon damit, sich nicht auf den Weg machen zu müssen, um ins Büro zu kommen. Die klare Abgrenzung zwischen Arbeit und Persönlichem verschwimmt, sowohl zeitlich als auch räumlich.

HINTERGRUNDWISSEN

Die Psychologie weiß heute, dass das mobile, flexible Arbeiten nicht für alle Mitarbeitenden geeignet ist, da es Menschen gibt, die eine klare Grenze zwischen Arbeit und Freizeit benötigen. Ebenso ist bekannt, dass ein zu hohes Maß an Selbstbestimmung und Flexibilität das Risiko von Burnout, Fluktuation und Krankheiten erhöhen kann.

Das Arbeiten im Homeoffice kann ein weiteres Risiko mit sich bringen. Nicht jeder arbeitet gerne allein. Es fehlen die soziale Interaktion und der spontane Austausch, zum Beispiel das Grüßen beim Eintreten ins Büro oder das Lächeln vom Kollegen beim Vorbeigehen im Flur. Die motivierenden Worte der Kollegin oder das spontane Brainstorming finden jetzt virtuell, aus der Distanz, statt. Der Flurfunk, also der informelle Informationsfluss, wird umgeleitet oder findet gar nicht mehr statt. Hier braucht es durchdachte Kommunikationsformate, die den Teamzusammenhalt und das Vorankommen des Unternehmens begleiten.

Auch die Befürchtung seitens der Mitarbeitenden, beim Vorgesetzten „aus den Augen, aus dem Sinn" zu sein, wenn sie im Homeoffice arbeiten, wird uns häufig beschrieben. Die Empfindung der Mitarbeitenden, jederzeit und kurzfristig zur Verfügung stehen zu müssen (bedingt durch ständige mögliche Erreichbarkeit), ist ein weiterer kritischer Faktor.

Eine besondere Situation entsteht, wenn es zu Hause Kleinkinder gibt und an finanziellen Mitteln für eine Kindertagesstätte fehlt. Wir haben zum Beispiel die Erfahrung gemacht, dass es in der Schweiz im Vergleich zu Skandinavien noch keine Normalität zu sein scheint, dass die Frau arbeitet und die Kinder in einer Kindertagesstätte sein können. Und selbst wenn ein Lebenspartner zu Hause bleibt, ist eine Abgrenzung der Kinder zu den Eltern herausfordernd. Hier ist eine Abstimmung mit den Mitarbeitenden nötig, damit festgestellt werden kann, ob ein Arbeiten im Homeoffice sinnvoll und machbar ist.

Es ist bekannt, dass Virtuell Work stärker ins Privatleben eingreift und eigentlich für die Erholung gedachte Zeiten übergangen werden. Daher sind klare Aussagen von Ihnen zu treffen, achtsam mit sich selbst und miteinander umzugehen sowie sich abzugrenzen, und das mit dem Team zu vereinbaren.

Bei all diesen Widrigkeiten kommt es umso mehr auf Sie und Ihren Führungsstil an. Als Vorbild leben Sie die Antworten auf die bisher bekannten und nun fehlenden Arbeitsstrukturen und stehen im Fokus einer sich ändernden Unternehmenskultur. Sie bilden als Führungskraft die Plattform zum virtuellen Arbeiten. Das bedeutet, dass Sie Strukturen schaffen, die eine gemeinsame, aktive und agile Zusammenarbeit im virtuellen Team unterstützen. Zu Ihren Aufgaben zählt es, gerade in digitalen Formaten auf die Balance zwischen Arbeits- und Freizeit zu achten.

IMPULS
STATUS VIRTUELL WORK
MEINE WAHRNEHMUNG

Welche Plattformen nutzt mein Unternehmen?
- ....
- ....
- ....

Achtet mein Unternehmen auf die Einhaltung der Balance zwischen Homeoffice und dem Arbeiten vor Ort?
- ....
- ....
- ....

Wie schätze ich meine Mitarbeitenden ein? Arbeiten alle gerne zu Hause oder was sind die Gründe dafür, dass Mitarbeitende lieber im Homeoffice oder lieber vor Ort arbeiten?
- ....
- ....
- ....

Welche Mitarbeitenden lieben den Mix aus beiden Arbeitsformen?
- ....
- ....
- ....

Welche Softwaretools werden von wem wofür eingesetzt?
- ....
- ....
- ....
- ....

1.4 Kaffeepause vorm Laptop während der Arbeitszeit?

Herausforderungen, beispielsweise Mitarbeitende aus der Distanz heraus einzuschätzen und ihre Arbeitsleistungen zu bewerten, gilt es zu klären. Eine weitere Herausforderung besteht darin, ein Wir-Gefühl, also die Identität mit sich selbst, die Haltung gelebten Leaderships im Unternehmen gegenüber Virtuell Work aufzubauen, zu entwickeln und zu halten.

Wie ist dies möglich, wenn man in Webinaren und Chat-Konferenzen nur Bilder voneinander sieht? Es gilt, als Unternehmen die Vorteile des Virtuell Work sichtbar zu machen, die Mitarbeitenden als Team zusammenzustellen und sie in Aktion zu bringen, sodass jeder ein eigenes Profil erarbeiten kann und so zum Profil des Unternehmens beitragen kann. Als Arbeitgeber setzen Sie damit eine spezielle Note, eine „Attraktivität", mit der eine hohe Loyalität zum Unternehmen erzeugt werden kann.

Wir laden Sie ein: Fördern Sie den gemeinsamen Austausch im Team. Ob in Präsenz oder beim Virtuell Work, Agiles Leadership findet am Ort des Geschehens, nämlich bei den Mitarbeitenden, den Kunden und Kollegen statt. Wenn Ihre Mitarbeitenden nicht vor Ort sind, fällt diese – wichtige – Kommunikationsform weg. Damit die Kommunikation im Flow bleibt, nutzen Sie neue Formate, durch die Sie aktiv mit Ihrem Team ins Gespräch kommen, Interesse an der einzelnen Person und ihren Aufgaben zeigen und Herausforderungen oder Ideen aufnehmen können.

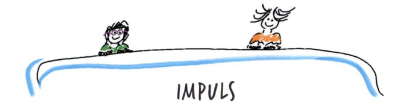

IMPULS

Wenn Ihre Mitarbeitenden vor Ort sind, sind ein Face-to-Face-Gespräch nebst den organisierten Meetings im Hause, ein spontanes Treffen auf dem Weg in die Kantine sowie ein Small Talk in der Kaffeeküche möglich. Wie gestalten Sie jedoch solche Begegnungen unter den Teammitgliedern, die im Homeoffice sind? Nutzen Sie Telefon, Videokonferenz und Chat, um auch einmal einen ungezwungenen Austausch mit dem Team zu haben?

TIPP

Wir empfehlen „Stand-up-Meetings" von jeweils 15 Minuten für das gesamte Team in einem Rhythmus von zwei bis drei Tagen in der Woche, zum Beispiel dienstags und donnerstags von 11:45 bis 12:00 Uhr. In diesem Zeitfenster können Sie Fachliches besprechen, Teambelange klären oder neue Tools im Team ausprobieren. Probieren Sie es einfach mal aus, in diesen 15 Minuten „Montagsmaler" oder das Wort-Rätsel „Hang-Man" zu spielen. Die Kommunikation innerhalb des Teams wird sich stark verbessern, spielerisch lernen Sie und Ihr Team die virtuellen Tools kennen und anzuwenden – und die Lernkultur wird kennengelernt.

Gemeinsam lernen Sie! Um auch den Aspekt der Eigenverantwortung und Selbstorganisation zu fördern, bietet es sich an, die Moderation für die Stand-up-Meetings rotieren zu lassen. Jeder im Team übernimmt einmal für 15 Minuten die Führung, beginnend mit der Begrüßung. Erleben Sie, was für ein kreatives Potenzial in manchen schlummert!

Schon mal eingesetzt: den virtuellen Kaffeeklatsch? Das bedeutet für Sie als Führungskraft, dass Sie solche Meetings vorleben und proaktiv dazu einladen. Ein persönlicher Austausch zu Beginn des Meetings, den alle Mitarbeitenden jeweils selbst gestalten, ist eine gute Möglichkeit, das Eis zu brechen. So fördern Sie das Kennenlernen untereinander auf spielerische Weise und aktivieren jeden Einzelnen im Team. Zudem werden auf diese Weise neue IT-Anwendungen in einem geschützten Rahmen ausprobiert und von den Mitarbeitenden und auch Ihnen angewendet. Hier gilt es als Führungskraft, Kommunikationsformen zu verankern, damit die Ausgeglichenheit und die Kreativität im Team – ortsunabhängig – bestehen kann.

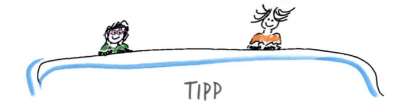

TIPP

Zwei Ideen für Spiele bei einem Teamevent oder einer After-Work-Party, die Freude machen:
- „Montagsmaler": Begriffe mit dem Whiteboard zeichnen, eine Person zeichnet, und wer das Gemalte zuerst errät, hat gewonnen.
- „Hang-Man": Ein Wort wird über die Nennung von Buchstaben geraten. Pro Runde wird jeweils ein weiterer Buchstabe genannt; wenn dieser Buchstabe im Wort nicht vorkommt, wird stattdessen der „Hang-Man" gezeichnet. Gewonnen hat der, der das Wort errät, bevor der „Hang-Man" fertig gezeichnet ist.

NUTZEN

✓ Reduktion der Scheu vor dem Virtuellen
✓ Spaß zusammen haben, sich kennenlernen

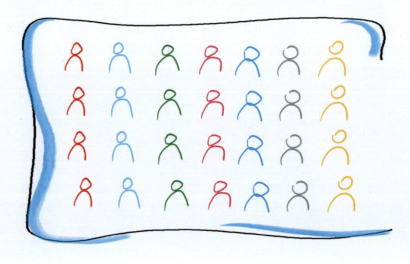

2 LEITPLANKEN SETZEN

Unsere Überzeugung ist, dass man das Vorleben sollte, was man von den Mitarbeitenden erwartet. Machen, weniger darüber reden.

Der Einbezug der Mitarbeitenden ist dabei von entscheidender Wichtigkeit. Miteinander lernen und eine fortlaufende eigene Reflexion sind wichtige Parameter, damit Veränderungen erfolgreich umgesetzt werden können. Dieser Paradigmenwechsel in der Führungskultur wird notwendig, weil Firmen jeglicher Größe in einer sich ständig wandelnden Welt gefordert sind, mitunter innerhalb von wenigen Wochen flexibel auf veränderte Arbeitssituationen zu reagieren. Damit sind Herausforderungen für das Management und die Führung verbunden. Erfahrungen aus der Covid-19-Pandemie haben uns alle erleben lassen, dass die Pandemie die Transformation beschleunigt, privat und beruflich – und ohne lange Vorbereitung. Es geht um das Ziel und darum, mit welchen Teilschritten dieses Ziel zu erreichen ist. Allein oder mit anderen zusätzlichen Beteiligten.

Wir halten fest: Ein Veränderungsprozess kann durch die Vorbildwirkung aller Managementebenen schneller und nachhaltiger implementiert werden. Dabei ist darauf zu achten, dass eine kulturelle Verankerung im Unternehmen, also die Beteiligung und Befähigung aller, sichergestellt ist.

Nun fragen Sie sich vielleicht: Und wie beginne ich solch einen Kulturwandel in meinem Unternehmen, um im Markt auch in Zukunft gut aufgestellt zu sein?

Mit der Frage nach dem Warum werden Sie dazu angeregt, über Ihre Haltung in der Führungskultur Klarheit zu erlangen und zwar in dem Sinne: Sage ich den anderen, was sie zu tun haben, oder will ich eine Führungskultur vertreten, die es erlaubt, miteinander zu wachsen durch gemeinsames voneinander Lernen und Partizipieren?

HINTERGRUNDWISSEN

Damit die Vorbildwirkung gelingen kann, sind Methoden und Hilfsmittel vonnöten, welche es erlauben, die Mitarbeitenden in die Planung mit einzubeziehen und sie dabei mitgestalten zu lassen. Es gibt unzählige IT-basierte Projektmanagementtools, welche einen strukturierten Ablauf bieten, an denen sich auch das Management orientieren kann. Der Einsatz dieser sogenannten kollaborativen Tools bietet ein hohes Maß an Transparenz der Tätigkeiten für alle Beteiligten und macht damit eine zukunftsgerichtete Kommunikation möglich. Für diejenigen unter Ihnen, die sich für Change-Konzepte interessieren, geben wir hier gerne Literaturhinweise:

- Buch: Das Pinguin Prinzip (Kotter & Rathgeber, 2017).
- Die besten Change Management Modelle im Vergleich – inito (Zelesniack & Grolman, 2020, abgerufen am 20. Februar 2021).
- https://organisationsberatung.net/change-management-modelle-im-vergleich/Remote-Collaboration (Deloitte Deutschland, 2020, abgerufen am 18. März 2021).
- Remote Collaboration: https://www2.deloitte.com/content/dam/Deloitte/de/Documents/human-capital/Remote-Collaboration-COVID-19.pdf, abgerufen am 12. Juni 2021.

Der Einsatz eines Change-Management-Modells ist grundsätzlich sinnvoll, da es dazu anregt, in mehreren Perspektiven zu denken. Allein das Erkennen von den Unterschieden der Modelle bietet die Chance, sich, das Unternehmen und bestehende Situationen in eine eigene Reflexion zu bringen und mehr zu verstehen.

Wir werden Ihnen nun nicht sämtliche Change-Konzepte vorstellen. Stattdessen setzen wir auf Impulse, abgeleitet aus den eigenen Erfahrungen aus unterschiedlichsten Situationen. Wir möchten Sie vor allem dazu einladen, unsere Impulse für die Achtsamkeit zu nutzen, denn das hält Sie auf Zielkurs im Transformationsprozess. „Leitplanken setzen" unterstützt Sie dabei, in der Reflexion zu bleiben, es werden kulturelle und organisatorische Meilensteine sowie Zusammenhänge gespiegelt. Lesen Sie mehr zu den „5 Phasen der virtuellen Integration" in Kapitel 4.

IMPULS
BIN ICH BEREIT? IST MEIN UNTERNEHMEN BEREIT?
MEINE WAHRNEHMUNG

Will ich Transparenz? Was ist der Nutzen von Transparenz?
- ....
- ....

Was verstehe ich unter zukunftsgerichteter Kommunikation?
- ....
- ....

Arbeite ich mit Methoden und Hilfsmitteln, welche die Mitarbeitenden in die Planung einbeziehen? Welche sind das?
- ....
- ....

In welcher Form reflektiere ich mich?
- ....
- ....

2.1 Lernkultur first

Allem voran steht die innere Haltung zum Fehlermanagement. Wie ist es bei Ihnen: Welche Fehlerkultur leben Sie? Wir haben positive Erfahrungen damit gemacht, dass wir, bevor wir von unseren Mitarbeitenden verlangen, neue Methoden umzusetzen, mit ihnen zusammen sicherstellen, dass die Neuerungen sinnvoll sind. Das bedeutet, dass Neuerungen miteinander umgesetzt und trainiert werden. Regelmäßige Probeläufe unterstützen dabei, zu erkennen, was gut gelingt und wo (z. B. bei Kompetenz, Rollenverständnis, Teamregeln) noch nachgesteuert werden sollte. Das gemeinsame Trainieren hat den Nutzen, dass Sie dies zeitnah zusammen mit dem Team „optimieren" können.

Stellen Sie sich vor, Sie und Ihr Team machen zusammen Fehler, lernen daraus und werden dadurch täglich besser. Sie fördern mit dieser Haltung eine neue Lernkultur, eine neue Führungskultur. Hier sind alle Gewinner, denn es wird an Fehlern proaktiv gearbeitet. Diese Art der Lernkultur setzt gegenseitiges Vertrauen und Verantwortung voraus.

Das gilt sowohl für die Zusammenarbeit zwischen Geschäftsleitung und dem Leadership wie auch für die Zusammenarbeit zwischen dem Leadership und den Mitarbeitenden. Unser Tipp: Am besten ist es, wenn die Geschäftsleitung zusammen mit dem gesamten Leadership mit gutem Beispiel vorangeht in Form einer vorher gebildeten Führungskoalition, die gemeinsame Werte vorlebt und gemeinsame, abteilungsübergreifende Ziele verfolgt.

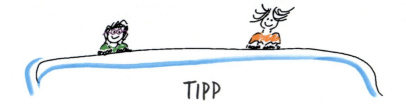

TIPP

Die Bildung einer Führungskoalition mit gemeinsamen Werten ist eine anspruchsvolle Aufgabe. Erfolgreiche Firmen, die auf ihre Unternehmenskultur setzen, arbeiten mit ihrer Human-Resources-Abteilung zusammen und ziehen immer öfter Experten (Agile Coaches) hinzu. Wir geben Ihnen dazu ein Beispiel aus unserem Berufsalltag. Solange die Führungskräfte in Linienpositionen mehr an Grabenkämpfen interessiert sind, dürfen Sie nicht erwarten, dass Ihre Mitarbeitenden von heute auf morgen gut mit anderen Abteilungen zusammenarbeiten. Solange Linienvorgesetzte unterschiedliche Werte vorleben und abweichenden Interessen nachjagen, werden Ihre Mitarbeitenden damit beschäftigt sein, zu verstehen, was da abläuft. Im Grunde bringen Sie damit Ihren Mitarbeitenden das Taktieren bei bzw. den Einsatz der Ellenbogen. Das funktioniert sicher für Einzelne, jedoch gibt es am Ende mehr Verlierer als Gewinner. Im Worst Case verlassen gut qualifizierte Mitarbeitende das Unternehmen oder Sie haben Mitarbeitende, die Experten im Aushalten werden und sich von Urlaub zu Urlaub hangeln.

HINTERGRUNDWISSEN

Zahlreiche empirische Studien belegen, dass das Führungsverhalten maßgeblich für die Weiterentwicklung der Mitarbeitenden verantwortlich ist, wobei die transformationale Führung einer der wirksamsten Führungsstile ist. Das transformationale Leadership adressiert die Kernfragen der Führung, «wie erreicht werden kann», dass Mitarbeitende Verhaltensweisen wie die Übernahme von Verantwortung, Entwickeln von Teamgeist, Einsatz von Selbstdisziplin und Lernbereitschaft bei Veränderungen leben. Traditionelle Zielvereinbarungen wie z. B. Prämien oder Zielvereinbarungen bewirken keine nachhaltige Änderung (Pelz, 2016, S. 94, abgerufen am 9. Mai 2021). Unter Vorbildwirkung verstehen wir, mit Methoden und Hilfsmitteln zu arbeiten, die die Kompetenzen der Mitarbeitenden steigern. Mitarbeitende, die sich entwickeln dürfen, werden selbstständiger. Fehler zu erkennen, diese miteinander zu besprechen, Lösungen zu erkennen und sie gemeinsam umzusetzen, führt zu mehr Vertrauen. Klar umschriebene Ziele und die Besprechung dieser Ziele mit allen Linienführungskräften und Mitarbeitenden bilden aus unserer Sicht die Basis für eine faire Kommunikation. Wenn alle Mitarbeitenden Klarheit über die Ziele des Unternehmens haben, ist es für jeden einfacher, seinen Platz bei deren Umsetzung zu erkennen.

IMPULS

Ich arbeite interdisziplinär und bereichsübergreifend.

Ich begegne anderen auf Augenhöhe – unabhängig von der Position.

2.2 Ein starkes Duo: Vertrauen und Verantwortung

Vertrauen besteht nicht, weil man sich dafür entscheidet. Die Entscheidung muss in die Haltung münden, zusammen an einer gemeinsamen Plattform zu arbeiten – das schafft Vertrauen. Die heutige Organisationsstruktur des Silodenkens weltweit tätiger Unternehmen lässt den Austausch von implizitem Wissen (die Kompetenz der Mitarbeitenden) nicht zu. Aus diesem Grund ist es nötig, dass die Prozesse, die Strukturen und die Unternehmenskultur analysiert und bei Bedarf angepasst werden müssen. Ziel muss es sein, dass die Organisation möglichst autonom operiert. Dies bedingt ein hohes Maß an Vertrauen zwischen Management und Belegschaft. Das reine Delegieren ist für die kommende Generation der Millennials, die Fach- und Projektkarrieren bevorzugen, ein Auslaufmodell. Andererseits ist es für Unternehmen günstiger, Mitarbeitende im Unternehmen zu behalten und weiterzuentwickeln. Eine derartige Organisation würde es erlauben, bisherige Gewissheiten wie die Anwesenheitszeit im Büro zu vermindern. Dass Mitarbeitende ihre Arbeiten von extern erledigen, wäre dann machbar.

Vertrauen ist hierbei das Zauberwort. Was würden Sie über sich selbst sagen: Wie groß ist Ihr Vertrauen in Ihre Mitarbeitenden wirklich? Oder, anders gefragt: Wie groß ist Ihr Verlangen nach Kontrolle und Überprüfung des Arbeitsfortschritts? Und wie sehen das Ihre Mitarbeitenden?

Noch berichten uns viele Führungskräfte, dass es ihnen schwerfällt, zu vertrauen und diese neuen Wege in den Arbeitsweisen zu beschreiten. Die Gründe dafür können vielschichtig sein. Jeder von uns hat eine Vergangenheit. Die Eltern, die Schule, das Umfeld und verschiedenste Arbeitsformen prägen unser Verhalten. Solange wir erleben und erfahren, dass uns gesagt und befohlen wird, eine Aufgabe nach genauen Parametern zu erledigen, werden wir es gewohnt sein, dies genau so weiterzugeben. Wenn Sie aber während Ihrer Laufbahn lernen, mit anderen im Team zu arbeiten und gemeinsam die Schritte zum Ziel zu meistern (auch mit Rückschlägen, Fehlern etc.), wird die Chance recht groß sein, dass Sie dieses Verhalten übernehmen und zumindest versuchen werden, zusammen mit Ihren Mitarbeitenden in dieser Art zu arbeiten und zu vertrauen.

Was durch diese Impulsfragen deutlich werden soll, ist das Zusammenspiel der eigenen Haltung und der des Unternehmens. Diese Werte bedingen einander beim Verständnis der Führungskultur und dabei, wie Teams geführt werden sollten oder könnten. Aus unserer Sicht ist es notwendig, dass sich Führungskräfte mehr für die Aufgaben ihrer Mitarbeitenden interessieren. Aber: Bitte nehmen Sie Abstand davon, Aufgabenlisten, Statuslisten und Prioritätenlisten von Ihren Mitarbeitenden erstellen zu lassen. Diese Listen sind die stärksten Misstrauensauslöser. Es gibt bewährte alternative Wege: Entweder sind Sie selbst fachlich entsprechend qualifiziert, dann kann ein Austausch mit dem Mitarbeitenden auf Basis von Interesse oder erstellten Zielen erfolgen. Wenn Sie weniger Fachwissen mitbringen, ist das Vorgehen ähnlich, denn heutzutage muss eine Führungskraft „nicht alles wissen". Viel wichtiger ist es zu verstehen, was die Mitarbeitenden benötigen, damit die Aufgaben erledigt werden können.

Unter dem Begriff Verantwortung verstehen wir nicht nur die Verantwortung der Führungsebene dafür, das Team voranzubringen oder sich um die Mitarbeitenden zu kümmern. Auch Mitarbeitende sollen Mit- und Eigenverantwortung tragen. Werte wie Eigenverantwortung, Selbstständigkeit und die Ablehnung von Unterordnung sehen wir als Treiber für neue Organisationsformen auf Seiten der Mitarbeitenden. Diese Treiber müssen jedoch zuerst gepflegt werden. Bevor Ihre Mitarbeitenden stärker in der Eigenverantwortung und Selbstständigkeit sind, werden Sie benötigt.

In welcher Form sollen diese Eigenschaften stärker werden und vor allem, wie wollen Sie die Mitarbeitenden unterstützen und begleiten, damit dieser Effekt nachhaltig ist? Machen Sie sich klar, warum Sie möchten, dass Ihre Mitarbeitenden mehr Eigenverantwortung und Selbstständigkeit übernehmen. Unerlässlich ist, dass Sie darlegen können, wie der Weg dahin aussieht. Eine E-Mail mit der Information, dass Sie ab morgen allen Mitarbeitenden vertrauen und von allen mehr Eigenverantwortung und Selbstständigkeit verlangen, wird bei den Mitarbeitenden nur auf Unverständnis stoßen.

Sie sitzen im Fahrersitz, bildlich gesprochen, in der Steuerung, Sie geben die Fahrtrichtung und Schnelligkeit vor. Im Vorfeld sollten Sie sich in Form einer Analyse darüber Klarheit verschaffen, was gut läuft und was optimiert werden muss. Daraus leiten sich dann die notwendigen Maßnahmen ab. Dabei ist zu berücksichtigen, dass diese Maßnahmen mit der Strategie des Unternehmens harmonieren und mit den Veränderungen am Markt und den wirtschaftlichen Rahmenbedingungen mithalten können. Eine Abstimmung mit dem oberen Management ist aus unserer Sicht unerlässlich, wenn Sie nachhaltig erfolgreich sein wollen.

IMPULS

Misstrauen ist ein starkes, negatives Symptom, aber auch ein Ausdruck für eine Situation oder Begebenheit, die verbessert werden kann, wenn Sie das wollen. Damit das Symptom nachhaltig in Vertrauen umgewandelt werden kann, ist es notwendig, das Ganze zu beobachten und zuerst zu verstehen, was die Ursachen für das Symptom sind.

Wie stehen Sie zu der Einstellung: Grundsätzlich leisten Mitarbeitende gerne etwas. Vertreten Sie diese Haltung – oder eher nicht? Überlegen Sie, was Ihre Gründe dafür sind, dass stärker kontrolliert und überwacht werden sollte. Worin ist Ihr Misstrauen begründet? Besteht die Möglichkeit, dass Sie das Gefühl haben, zu wenig darüber wissen, was Ihre Mitarbeitenden den ganzen Tag zu erledigen haben? Sind Sie besorgt bei der Vorstellung, dass sich Ihre Mitarbeitenden im Homeoffice mehr selbstverantwortlich organisieren, als es vor Ort im Büro der Fall wäre? Wenn Sie diese Befürchtungen haben, möchten wir Sie beruhigen. Es ist möglich, anstelle von Kontrolle und Überwachung mit Vertrauen und Verantwortung Teams zu führen und in effektiver und effizienter Weise Unternehmensziele zu erreichen.

Damit sich jeder im Unternehmen einbringen kann, ist im Vorfeld ein Konsens in den Führungshierarchien nötig, dass zusammen mit den Mitarbeitenden an einer neuen Kultur gearbeitet wird. Zusammen bedeutet, die Führungshierarchien leben das Neue vor, damit die Mitarbeitenden eine Chance haben, sich weiterzuentwickeln und von ihnen zu lernen. Jede Entwicklung von neuen Kompetenzen in der Teamarbeit oder allein bringt das Unternehmen weiter. Als Leader sind Sie in der Verantwortung zu entscheiden, ob der Einzelne, das Team oder eine Kombination davon das Unternehmen zum Erfolg führt.

Wir appellieren an Sie, von Mitarbeiterbefragungen Abstand zu nehmen. Denn die meisten Mitarbeitenden werden keinen Bedarf sehen, etwas zu ändern. Warum ist das so? Die meisten haben gelernt, dass eine ehrliche Antwort eher Nachteile bringt. Wenn Sie die Meinung der Mitarbeitenden wirklich interessiert, ist der beste Weg, mit den Mitarbeitenden im direkten Austausch Lösungen zu besprechen. Alles andere ist eine reine Alibiübung. Wer kennt die Mitarbeitenden besser als Sie? Und wenn Sie über die Mitarbeitenden und die Symptome nichts wissen oder nicht wissen wollen, wer soll sich dann Ihrer Meinung nach darum kümmern? Wir wiederholen uns, weil es unsere Überzeugung ist: Leader sein bedeutet, sich bewusst zu sein, dass Arbeitsaufträge und operatives Management in eine Balance mit Eigenverantwortung und Selbstständigkeit gebracht werden müssen.

HINTERGRUND

Ein im Jahr 2020 in der NZZ erschienener Artikel mit dem Titel „Wissen ist eine Machtquelle im Wettbewerb mit Kollegen" weckte unser Interesse. Darin heißt es: „Die Unternehmenskultur muss eine Vertrauensbasis schaffen. Etwa dadurch, dass sie auf Gemeinsamkeiten statt Unterschiede fokussiert. Unabhängig vom Alter möchten alle Mitarbeitenden verstehen, warum sie etwas tun. Hilfreich ist außerdem, wenn bei Projekten darauf geachtet wird, dass altersdurchmischte Teams gebildet werden. Und Unternehmen sollten generell Anreize für den Austausch von implizitem Wissen schaffen. (...) Stellen Sie sich das Wissen als Eisberg vor: Aus dem Wasser ragt nur das explizite Wissen, das sich in Worte fassen lässt. Unter der Oberfläche befindet sich das Erfahrungswissen. Dieses ist an Personen gebunden und lässt sich nicht in einem Dokument niederschreiben. Es lässt sich – zumindest in einem ersten Schritt – nur von Mensch zu Mensch weitergeben" (Häberli, 2019, abgerufen am 20. Mai 2021).

IMPULS

Haben Sie sich mal gefragt, ob und wie Ihnen in Ihrem Unternehmen als Führungskraft vertraut wird? Ist es vielleicht so, dass das Leadership selbst vom CEO oder Vorstand kontrolliert wird? Wie lang sind Ihre und deren Leine tatsächlich?

Es liegt in Ihrer Verantwortung, zu erkennen, wie Misstrauen in Vertrauen umgewandelt werden kann, und entsprechende Maßnahmen zu ergreifen. Neue Wege zu gehen, bedeutet für uns, etwas auszuprobieren ohne die Notwendigkeit, bekannte Abläufe von einem Tag auf den anderen abzuschaffen. Damit bereichern wir den bewährten Ablauf. Der erste Schritt dient dazu, Vertrauen zu schaffen und die neuen Arbeitsweisen zusammen kennenzulernen. Das Modifizieren von bekannten Arbeitsläufen erfolgt im nachfolgenden Schritt fast von selbst. Die Erfahrung zeigt, dass Mitarbeitende durch dieses Vertrauen in neue Möglichkeiten selbst beginnen, kreativ zu werden, und diese neue Kreativität kann Ihrem Unternehmen zu neuem Spirit, im besten Fall zu Innovationen verhelfen. Der Wandel ist nicht innerhalb von einigen Tagen oder Wochen zu erreichen, und ja, es ist mit Enttäuschungen und Rückschlägen zu rechnen. Das ist die Herausforderung für Führungskräfte, das macht diese Rolle so spannend! Menschen zu begleiten ist ein JA zu „Ups und Downs" und ein Vollzeitjob.

Jedes neues Teammitglied, jede Kündigung, jeder Stellenwechsel mischt die Karten neu.

IMPULS

Die Einnahme einer neuen Haltung in den obersten Rängen ist der Schlüssel zum Erfolg auf dem Weg, Management und Leadership gleichermaßen miteinander zu verbinden. Wir verstehen darunter, dass die Inhaber oder Vorstände sich zuerst dafür entscheiden, die Veränderung mit allen nachfolgenden Führungsetagen zu gehen und auch den gemeinsamen Weg zusammen gestalten zu wollen.

Ein Wir-Gefühl, eine kollektive Identität, kann sich bilden, wenn es dem Management gelingt, Probleme als gemeinsame Probleme zu präsentieren und so die Kooperation zu maximieren (vgl. Sprenger, 2007, S. 152). Aus unserer Sicht ist ein erfolgreiches Unternehmen in der Lage, zusammen mit allen Führungskräften eine gemeinsame Zielrichtung vorzugeben und diese in einer gemeinsamen Sprache an ihre Mitarbeitenden zu transferieren. Damit ist weniger gemeint, viel darüber zu sprechen, sondern dass alle Führungskräfte wissen, wie die Mitarbeitenden in mehr Eigenständigkeit und Selbstverantwortung begleitet werden. Es bedeutet auch, dass die notwendigen Schulungen – für Führungskräfte und Mitarbeitende gleichermaßen – definiert und durchgeführt werden. Keine Sorge: Es geht nicht darum, von heute auf morgen alles Bewährte über den Haufen zu schmeißen. Es geht darum, parallel zum Bekannten neue Methoden auszuprobieren. Im besten Fall kreieren Sie mit Ihrem Team eine komplett neue Arbeitsweise, die für Ihr Unternehmen passend ist.

Die heutige Führungsrolle ist dadurch geprägt, dass sie die Fähigkeiten der Mitarbeitenden und damit Fähigkeiten, die dem Unternehmen dienen, erkennt. Und wenn Sie Talente entdecken, die der Mitarbeitende noch nicht erkannt hat, dann sind Sie einer dieser Leader, der Mitarbeitende dazu befähigt, über sich hinauszuwachsen.

Wie erkennt man einen motivierten und begeisterten Mitarbeitenden? Wir erkennen sie daran, dass sie Fragen stellen, dass sie hinterfragen, dass sie gerne über ihre Aufgaben erzählen und ihre Augen dabei funkeln. Wenn jemandem die Arbeit selbst dann Freude bereitet, wenn viele Hindernisse genommen werden müssen, um das Ziel zu erreichen, dann haben Sie einen motivierten Mitarbeitenden vor sich. Menschen orientieren sich gerne an anderen und möchten in ihrem Tun bestätigt werden.

Sie fragen sich nun vielleicht, wie kann ich diese Talente entdecken? Am besten, indem Sie gemeinsam mit dem Team an Projekten arbeiten und dabei durch Kooperation und ständiges Lernen auf wertschöpfende Ergebnisse hingearbeitet wird. Sie geben den Mitarbeitenden damit einen Sinn und leben diesen Sinn vor, indem Sie als Leader ein Teil davon sind und mitgestalten.

In der sich immer schneller ändernden Welt im digitalen Zeitalter sind Kompetenzen wie Kommunikation und Einfühlungsvermögen, hohes technisches Verständnis, Flexibilität, Neues ausprobieren, fortlaufender Lernwille und eine Orientierung an wertschöpfenden Ergebnissen ein Muss.

HINTERGRUND

Jeder Mitarbeitende ist ein Individuum und bringt seinen Erfahrungsschatz, seine eigene Kompetenz mit. Dies weiter auszubauen ist die Aufgabe des Leaderships.

Führung wird durch die heutigen Technologien noch komplexer. Heute ist die Frage: Wie befähige ich die Mitarbeitenden, sodass Change-Prozesse umgesetzt werden können? Es benötigt einen neuen Typ im Leadership. Heute sind Leader nötig, die mit dem Team, mit den Mitarbeitenden einen Weg durch das Neue suchen, in immer wieder neuen Phasen von Chaos gilt es, die Mitarbeitenden zusammenzuhalten (vgl. Sridhar, 2019, S. 164).

IMPULS
BEI CHAOS DIE MITARBEITENDEN ZUSAMMENHALTEN – GELINGT MIR DAS?
MEINE WAHRNEHMUNG

Welche Formen von Chaos sind mir bekannt?
-
-
-

Was sind die Ursachen für das Chaos?
-
-
-

Wie gelingt es mir, die Mitarbeitenden abzuholen?
-
-
-

2.3 Kommunikation: der Schlüssel zum Verstehen und Vernetzen

Kommunikation ist nicht gleich Kommunikation. Es gibt Menschen, die sich blind verstehen, und genauso gibt es Menschen, die sich niemals verstehen werden. Im Berufsalltag verbindet oder trennt Kommunikation Menschen, und damit sind nicht nur ein falsch gewähltes Wort, eine Tonlage oder ein grammatisches Merkmal gemeint. Heute besteht die zusätzliche Herausforderung darin, ein oder mehrere Kommunikationstools zu wählen, mit denen gerne interagiert wird und die ein Team so unterstützen. Für eine schnelle und direkte Kommunikation sind zum Beispiel Chat-Tools praktisch, da diese das Versenden von Text- und Multimediainhalten an einen oder mehrere Empfänger ermöglichen und daher häufig dem direkten Telefongespräch vorgezogen werden.

IMPULS
TELEFON ODER E-MAIL: WAS STEIGERT DIE PRODUKTIVITÄT, WAS DIE MISSVERSTÄNDNISSE?
MEINE WAHRNEHMUNG

Welchen Nutzen hat der Einsatz des Telefons?
-
-
-

Welchen Nutzen hat der Einsatz von E-Mails?
-
-
-

Was ist meine bevorzugte Art, zu kommunizieren, und warum?
-
-
-

Unserer Erfahrung nach sind kollaborative Tools dem Einsatz von E-Mails vorzuziehen. E-Mails sollten ein Mittel sein, um Gespräche im Anschluss festzuhalten. Die Kombination von direktem Gespräch und dem Teilen des Bildschirms führt hingegen zu besseren und schnelleren Lösungen. Ein Einsatz von Worten allein (z. B. beim Telefonat) vermittelt weniger Informationen als eine Kommunikation von Angesicht zu Angesicht. Aufgrund der fehlenden Körpersprache kann es beim Einsatz von Telefon und Chat zu Missverständnissen oder auch Widerständen kommen.

Um dem entgegenzuwirken, sind weitere Kommunikationsaspekte zu beachten, die ein Erkennen und zeitnahes Thematisieren im Team möglich machen: das „aktive Zuhören" und das „sinngemäße Verstehen der verbalen oder nonverbalen Informationen" (vgl. Puckett & Neubauer, 2018, S. 176).

HINTERGRUND

In einer Studie der Zürcher Hochschule für Angewandte Wissenschaften (ZHAW) aus dem Jahr 2019 wird beschrieben, dass 30 % der Jugendlichen von einem Gespräch mit Hilfe ihres Smartphones Abstand nehmen. Eine Erklärung für diesen Trend liefert Sebastian Olbrich, der stellvertretende Leiter des Zentrums für Soziale Psychiatrie an der Psychiatrischen Universitätsklinik Zürich: „Beim Telefonieren könne man die Mimik des Gegenübers nicht sehen, das schaffe eine Distanz und man fühle sich unsicher" (Sridhar, 2019, S. 242).

TIPP

Als Kommunikationstool eignen sich E-Mails weniger, im Gegenteil, sehr oft werden sie eingesetzt, um Aufgaben loszuwerden, es warten ja noch x weitere E-Mails, die bearbeitet werden müssen. Der Austausch über E-Mail führt schneller zu Missverständnissen und einer viel längeren Bearbeitungszeit (Schneeballeffekt und unendlich lange E-Mails, und im besten Fall mit einer unerschöpflich großen Adressatenauswahl im Cc-Feld).

Beim virtuellen Führen mit kollaborativen Tools wird verstärkt die Fähigkeit benötigt, die Stimmungen der Mitarbeitenden zu erkennen und sie zu lesen. Wie gut gelingt es Ihnen, Emotionen in Gesichtern abzulesen? Uns wird immer wieder von Führungskräften bestätigt, dass das Erkennen und korrekte Deuten der Mimik und Körpersprache ihrer Gesprächspartner – vor allem im Zweidimensionalen – eine echte Herausforderung sei. Aber, und das ist die gute Nachricht: Es ist virtuell möglich, in Gesichtern zu lesen und Körpersprachen zu deuten, um zum Beispiel Zustimmung oder Ablehnung zu einem Thema zu erkennen. Ein Anzeichen für Ablehnung kann sein, dass Mitarbeitende unpünktlich erscheinen, sich nicht beteiligen.

Bei sich abzeichnenden Konflikten ist es unabdingbar, dass ein virtuell geplantes Gespräch mit Bildübertragung geführt wird, damit der Sachverhalt in eine neutrale Bahn geleitet werden kann. Doch wenn das Zwischenmenschliche mal so richtig hakt, ist dann virtuelles Coachen überhaupt machbar? Bevorzugt einzusetzen ist nach wie vor ein persönliches Face-to-Face-Gespräch. Der Einsatz von Video-Calls ist prinzipiell möglich, jedoch eher als unterstützendes Mittel (z. B. wenn Vororttermine nicht möglich sind).

Für diese limitierenden Faktoren ist es notwendig, eigene Wege für sich und das Team zu finden. Generell muss der Ablauf emotionalerer Gespräche an die veränderten Gegebenheiten angepasst werden. Denn unser Handeln wird nicht nur von rationalen Entscheidungen beeinflusst, auch unsere Emotionen spielen dabei eine große Rolle. Heutzutage wird im Beruf, vor allem aber in der virtuellen Führung, mehr und mehr Wert auf Emotionale Intelligenz gelegt. Dabei liegt ein Augenmerk darauf, dass das Leadership durch Emotionale Intelligenz zum einen an den richtigen Stellen die eigenen Gefühle managt und zum anderen die Gefühle anderer gut einschätzen kann.

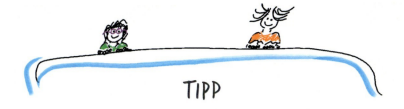

TIPP

Beim Einsatz von Kollaborationstools sind einige limitierende Faktoren im Vorfeld der Durchführung zu überdenken:
- Die Wahrnehmung von Körpersprache und Mimik ist in der zweidimensionalen Darstellung nur eingeschränkt möglich und das Gespür für den anderen fehlt. Feine Geruchsnuancen, die durch die Nase wahrgenommen werden, fallen zum Beispiel komplett weg. Auch zeigt der jeweilige Bildausschnitt evtl. nicht die ganze Person. Demgegenüber vermittelt die Art der Haltung, die Positionierung der Hände usw. auch virtuell eine Idee davon, ob sich eine Person wohlfühlt oder nicht.
- Die Gruppendynamik ist bei mehr als zehn Personen schwierig zu kontrollieren; zum Teil ist dies abhängig von der verfügbaren Infrastruktur (z. B. der Größe des Bildschirms).
- Gespräche vor dem Bildschirm sind für viele Personen sehr ermüdend.
- Das räumliche Setup sollte gegeben sein (z. B. bei Kindern im Homeoffice)?
- Im Fall von Präsentationen kann die Reaktion der Teilnehmer nicht beobachtet werden.
- Der Einsatz von Kollaborationstools setzt eine gemeinsame Vertrauensbasis und Einverständnis voraus.

Generell ist von Ihnen zu berücksichtigen, dass Sie als Leader mit den Technologien und Kommunikationstools vertraut sind, die das Unternehmen bereits anbietet, oder Sie eignen sich neues Wissen zu neuen Tools an. Je besser Sie mit diesen Tools zurechtkommen, umso leichter wird Ihnen die Entscheidung fallen, welche Tools für die Kommunikation in Ihrem Team am geeignetsten sind. Es geht hierbei nicht darum, alle Wünsche der Mitarbeitenden zu erfüllen. Als Leader erkennen Sie, ob die Tools von Ihren Mitarbeitenden gerne und sinnvoll eingesetzt werden. Wenn Sie beobachten, dass Sie eher Ärger mit den Tools haben, legen wir Ihnen nahe, zuerst mit dem Mitarbeitenden direkt darüber zu sprechen, wo das Problem liegt bzw. wo vielleicht Anwendungsängste bestehen.

Damit Kommunikation im Team gelebt werden kann, sind Ihre Vorbildfunktion und das Durchführen von regelmäßigen Gesprächen mit den Mitarbeitenden sehr wichtig. Weniger im Darüber-Reden, sondern im Tun liegt die wahre Wirkung. Und ja, es wird Ihnen nicht immer alles gelingen. Die IT-Tools im Vorfeld von Meetings zu testen, bewährt sich auch heute noch. Es handelt sich um Technik und diese macht manchmal, was sie will. So wichtig es für Sie ist, zu wissen, an welchen Aufgaben der Mitarbeitende arbeitet oder welchen Status eine Aufgabe hat, so wichtig ist es für Mitarbeitende, dass regelmäßige Gespräche mit den virtuellen Tools stattfinden. Es gibt keine Standardempfehlung zur Anzahl der Meetings. So viel sei gesagt: Sie werden Mitarbeitende im Team haben, die sehr selbstständig arbeiten und weniger Austausch benötigen, und Sie werden Mitarbeitende haben, für die der Austausch stündlich, täglich notwendig ist. Der Ball liegt bei Ihnen, eine Balance zu finden, die für die Tätigkeiten, die Zielerreichung und den Informationsfluss zwischen Ihnen und den Mitarbeitenden geeignet ist.

IMPULS

Wenn Sie Ihre Emotionale Intelligenz trainieren möchten, sollten Sie bei Ihrer Selbstwahrnehmung beginnen. Diese ist nämlich die Grundlage für das Erkennen und Verstehen der eigenen Gefühle. Starten Sie also damit, dass Sie sich in verschiedenen Situationen beobachten. Wie fühlen Sie sich? Wie handeln Sie? So lernen Sie, sich selbst und Ihre Gefühle besser zu verstehen.

Im zweiten Schritt setzen Sie sich mit anderen Menschen auseinander. Versuchen Sie dafür zunächst zum Beispiel in Gesprächen mit Freunden oder Familie dem anderen die volle Aufmerksamkeit zu schenken und kümmern Sie sich in schwierigen Situationen um sie. Besonders in Konfliktsituationen zeigt sich Ihre Emotionale Intelligenz.

Wenn Sie verantwortlich für andere sind, ist es notwendig, die eigenen Mitarbeitenden gut einschätzen zu können. Auch wenn sie Ihnen nicht alles direkt erzählen, sollten Sie wissen, wie es ihnen geht und wie sie beispielsweise zu diesem oder jenem Projekt stehen. Emotionale Intelligenz hilft Ihnen, Ihre Führungsrolle angemessen auszufüllen, Ihre Mitarbeitenden zu motivieren und sie an sich und das Unternehmen zu binden.

Das wirtschaftliche Umfeld verändert sich durch die Professionalisierung der IT-Tools mit immenser Geschwindigkeit und täglich werden Innovationen vorgestellt. Die Schnelligkeit bestimmt mehr als je zuvor, wer schlussendlich den Kunden überzeugt und gewinnt. Damit an Geschwindigkeit zugelegt werden kann, ist eine Basis des Vertrauens im Team und zu Ihnen als Leader notwendig.

MEINE NOTIZEN

2.4 Der selbstorganisierte Arbeitsplatz

Co-Working-Arbeitsplätze gibt es inzwischen unzählige und sie können die sozialen Kontakte fördern. Ein auf die Arbeitstätigkeiten abgestimmtes IT-Equipment erlaubt es, überall zu arbeiten, sofern es den Unternehmen in Bezug auf ihre gesetzliche und regulatorische Landschaft möglich ist. Wir erleben eine Zeit, in der Arbeit und Freizeit anders definiert werden, in der mehr Flexibilität und Teamorientierung im Fokus stehen. Heute ist es ein Wettbewerbsvorteil für Unternehmen, wenn sie sich damit zu beschäftigen beginnen, wie das ortsunabhängige Arbeiten möglich gemacht werden kann, und das unter der Prämisse, dass die Mitarbeitenden ein aktiver Teil dieser Kulturveränderung sind. Wir sprechen dabei aber weniger davon, lediglich einen Schalter von links nach rechts umzulegen. Neue Arbeitsweisen benötigen Zeit, Mitarbeitende und Führungskräfte müssen sich mit ihnen erst vertraut machen. Wir haben gelernt, dass die Frage, wie unsere Arbeit noch wertschöpfender werden kann, geradezu dazu verführt, sich mit neuen Möglichkeiten vertraut zu machen und unbekanntes, spannendes Terrain zu betreten.

HINTERGRUNDWISSEN

Unter Selbstorganisation ist zu verstehen, dass es die Aufgabe eines Leaders ist, die Zusammenarbeit so zu organisieren, dass auf äußere und innere Einflüsse adäquat reagiert werden kann (vgl. Sprenger, 2019, S. 132).

Unsere Definition einer Selbstorganisation besagt, dass das Abteilungswissen so aufgebaut und dokumentiert wird, dass es personen- und ortsunabhängig genutzt und ausgebaut werden kann. Es geht darum, sich damit auseinanderzusetzen, wer mit wem räumlich oder virtuell zusammenarbeiten sollte, damit eine fortlaufende Kommunikation sichergestellt wird. Auch dieses Erkennen setzt einen Austausch mit den Mitarbeitenden voraus, damit der Schritt ins gemeinsame Verstehen und zu dem Bilden von Zusammenarbeitsplattformen erfolgen kann.

Wir sind davon überzeugt, dass es weniger eine Rolle spielt, wo die Mitarbeitenden arbeiten, sondern wichtiger ist, welche Methoden zur Teambildung, zur Schaffung von Transparenz und Übersicht eingesetzt werden, sowie die Überlegungen welchen Status die Aufgaben in Kombination mit IT-Hilfsmitteln, kollaborativen Tools und der Vorbildwirkung des Leaders haben. Es handelt sich um eine Organisationsform, in der jeder seine Rolle und Kompetenzen kennt und durch Teamarbeit die Stellvertretung sicherstellt. An Lösungen und Ideen wird gemeinsam gearbeitet. Wir nennen es den selbstorganisierten Arbeitsplatz. Einfach ausgedrückt, ganz egal, wo Sie gerade sind, Sie haben eine Kommunikationsplattform geschaffen, die es ermöglicht, jederzeit den Status der Aufgaben auf der Ebene der Mitarbeitenden oder des Projektteams zu erkennen, und sie arbeiten als Team gemeinsam und miteinander.

Ein wichtiger Aspekt ist, dass das Wissen geteilt wird. Es geht nicht darum, dass die Mitarbeitenden Wissen auswendig lernen, sondern das Team selbst erstellt eine Ablagestruktur für Wissen, auf die jederzeit zugegriffen werden kann. Sie erleben ein funktionierendes Team – Profis der Selbstorganisation, die miteinander Schnittstellenprobleme erkennen, Lösungen erarbeiten und eine fortlaufende Optimierung umsetzen. Die natürlich auch auf Papier festgehalten wird, in sogenannten Subprozessen, eingebettet in ein Prozessmanagement, oder, wenn bereits digital fortgeschritten, direkt in die bestehende IT-Landschaft überführt wird.

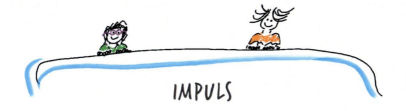

IMPULS

Die virtuelle Plattform ermöglicht es, ohne große Vorbereitung jederzeit zusammenzukommen und über neue Ziele und Projekte zu sprechen. Jeder der Beteiligten hat den Überblick und konzentriert sich auf das Wichtige, nämlich darauf, wer was bis wann mit wem zu tun hat. Als Leader haben Sie ebenfalls den Überblick. Sie können das Meeting gut leiten (oder leiten lassen) und sind in der komfortablen Lage, es zu beobachten. Sie verstehen Zusammenhänge in der Interaktion, Schnittstellenprobleme, Nöte zwischen und bei den Mitarbeitenden und erkennen, schlicht ausgedrückt, das PRoblem.

Ist das PRoblem erkannt, kann im Team gemeinsam nach verschiedenen Möglichkeiten für dessen Lösung gesucht werden. Sie erhalten mehrere Blickwinkel, Formen von Kreativitätsprozessen oder auch Innovationsprozessen. Was Sie wie nebenbei erhalten: intrinsische Motivation durch ein spielerisches Miteinander.

Das Miteinander-Arbeiten soll Freude bereiten. Wir sind überzeugt, dass es durch eine gemeinsame Plattform möglich ist, die Augen der Mitarbeitenden funkeln zu lassen, wenn sie erleben, dass miteinander kreativ zu werden, miteinander zu lernen, voneinander zu lernen die eigenen Fähigkeiten ausbaut, wodurch hochgesteckte Ziele gemeinsam erledigt und zu guten Ergebnissen geführt werden können. Zu schön, um wahr zu sein? Unmöglich? Träumerei? Wir wissen, dass es funktioniert, denn wir haben es schon in mehreren Teams umgesetzt: Drei Monate waren dazu notwendig. Neugierig geworden? Dann bleiben Sie gerne dran, und viel Spaß beim Weiterlesen.

2.5 Eigenverantwortung als Motivationsschub

Unsere Definition von Eigenverantwortung ist, dass der Mitarbeitende befähigt ist bzw. wird, überhaupt Verantwortung zu übernehmen. Das kann niemand in fünf Minuten und auch nicht von heute auf morgen lernen. Es ist ein Prozess, der aktiv vom Leadership unterstützt und mitgestaltet werden muss. Haben Sie sich schon mal die Frage gestellt, warum es an Motivation fehlt? Warum es oft so schwierig ist, Mitarbeitende abzuholen? Wir beschäftigen uns täglich damit, glauben Sie uns. Gerade diese Tatsache ist unsere Berechtigung in der Rolle als Leader. Würde sich jeder Mitarbeitende zu hundert Prozent selbst führen, wäre diese Rolle nicht notwendig. Die Vorgabe eines Ziels würde dann ja genügen. Je mehr Sie erkennen, dass Teamarbeit zu einer schnelleren Problemlösung führt, umso schneller und umso mehr Verantwortung kann das Team und schließlich jeder Einzelne übernehmen. Logisch, oder? Nein!? – Nun gut, wir führen dies noch weiter aus.

Die Fachkompetenz, die jeder Mitarbeitende mitbringt, ist ein Puzzlestück. Viele weitere Puzzlestücke und verschiedenste Erfahrungen, die miteinander ausgetauscht werden, ergeben ein kreatives Bild. Sie als Führungskraft sind die Person, die diesen Prozess der Zusammenarbeit gezielt steuern kann, damit am Ende ein Gesamtpuzzle entsteht, das mit mehreren Awards ausgezeichnet wird. Pflegen Sie jedes einzelne Puzzlestück, wird es ein Puzzleteil seiner Sorte bleiben. Erst die Reflexion, die Kommunikation und das Miteinander beim Hinarbeiten auf ein Ziel führen zu Kreativität und schlussendlich zu neuen Ideen. Je mehr Sie als Führungskraft die Dynamik einer Person an sich und ihre Rolle im Team verstehen und lenken können, umso besser arbeitet das Team zusammen. Motivierte und engagierte Mitarbeitende sind der Schlüssel zum Erfolg. Und der Schlüssel zu motivierten und engagierten Mitarbeitenden sind Sie in der Rolle des Vorbildes.

HINTERGRUNDWISSEN

Das Team steht im Mittelpunkt und nicht Sie. Sie befähigen den Mitarbeitenden als Einzelnen und im Team so, dass Bestleistung entstehen kann. Je besser das Team ist, umso besser sind die einzelnen Mitarbeitenden und umso höher ist die Bereitschaft zur Übernahme von Eigenverantwortung.

Wenn Sie nun der Meinung sind, dass die Gefahr besteht, dass Sie sich damit „scheinbar" überflüssig machen, stimmen wir Ihnen zu. Jedoch werden Sie sich nur dort überflüssig machen, wo der Verwaltungsrat und die Liga der CEOs diese Führung nicht verstehen und der Befehl vorherrscht. Eines wird jedoch immer deutlicher: Immer mehr Firmen weltweit verstehen, dass Führung der Schlüssel einer zukunftsorientierten erfolgreichen Firmenkultur ist, wenn sie als ein „dienendes" Instrument für die Persönlichkeitsentwicklung aller Mitarbeitenden eingesetzt wird, unabhängig davon, in welcher Funktion oder Position sich jeder Einzelne befindet.

IMPULS
WAS IST MEINE HALTUNG?
MEIN STANDING

Was ist meine eigene Haltung? Möchte ich etwas verändern?
- ....
- ....
- ....

Kann ich in meiner Rolle etwas verändern?
- ....
- ....
- ....

Welche Rahmenbedingungen in meinem Unternehmen sind förderlich, welche hinderlich?
- ....
- ....
- ....

Ich sehe Möglichkeiten der Optimierung?
- ....
- ....
- ....

3 LEADERSHIP UND MANAGEMENT – JONGLIERBAR ODER UNMÖGLICH?

Dürfen wir vorstellen: die eierlegende Wollmilchsau. Wir haben uns in der Vergangenheit des Öfteren so fühlen dürfen. Die Berechtigung eines Unternehmens liegt darin, erfolgreich zu sein. Dazu gehören Ergebnisse und vor allem eine Planung. Die Risiken lauern täglich vor der Tür. Die immer wieder neuen Herausforderungen sind mit den bekannten Managementmethoden allein kaum mehr zu stemmen. Durch die voranschreitende Digitalisierung, die Vernetzung und die Agilität prasselt eine Vielzahl an Erwartungen und Anforderungen auf das Unternehmerumfeld ein. Diese Entwicklung ist definitiv nicht aufzuhalten oder kleinzureden. Das Wissen des Managements hat den Vorteil, dass Ergebnisse zielgerichtet umgesetzt werden – jedoch nur, wenn das eigene Leadership beteiligt wird. So kann es gelingen, die Mitarbeitenden in Follower oder kleine Unternehmer zu transformieren, die sich für das Unternehmen mitverantwortlich fühlen und dessen Vorankommen aktiv unterstützen. Das Geheimnis liegt darin, welche Wirkung mit dem Einsatz der jeweiligen Parameter erzielt werden soll.

Wir sind davon überzeugt, dass es eine große Vorstellungskraft benötigt, sich die neue Zukunft vorzustellen. Je klarer dieses Bild, diese Vision ist, umso besser kann das neue Bild der Zusammenarbeit an die Mitarbeitenden weitergegeben werden.

Beispielsweise das Leadership mit einer Vision, Kommunikation und Partizipation zu füllen und zu leben, das Management mit Planung, Struktur und Information zu unterstützen - so kann Führung optimal gelingen.

HINTERGRUNDWISSEN

Bei Unternehmen, die wenig bis keine Erfahrung mit ortsunabhängigen Arbeiten haben, muss nach McKinsey – beschrieben ihn ihrem Artikel „Die postpandemische Belegschaft neu denken" – mit einem Verlust von Vertrauen, des Zusammenhalts und der gemeinsamen Kultur gerechnet werden. Die bestehenden, gekannten Normen einer Organisation (z. B. Arbeitsweisen, Verhaltens- und Interaktionsstandards) sind die Parameter, die eine gemeinsame Kultur erschaffen und massgeblich dazu beitragen ein gemeinsames Vertrauen entstehen zu lassen. Ein Risiko besteht darin, dass sich in der Organisation zwei Kulturen bilden und Mitarbeitende und Manager durch eine Zusammenarbeit vor Ort davon profitieren. Parallel dazu können sich Mitarbeitende, die im Homeoffice arbeiten, recht schnell „isoliert, entrechtet und unglücklich fühlen", wenn kein „kohärentes Modell" und keine Fähigkeiten für das virtuelle Arbeiten bestehen (vgl. Alexander, De Smet, & Mysore, 2020, abgerufen am 29. Juni 2021).

Dass sich mehrere Kulturen bilden können, ist uns ebenfalls bekannt. Wir haben es leider mehr als einmal erlebt, dass es zu Unverständnis unter den Mitarbeitenden führt, wenn ein Team zu Hause arbeiten darf und ein anderes nicht. Kultur bedeutet für uns vor allem, dass sich die Führung zuerst überlegt, wie sich die Kultur von ortsunabhängigen Arbeiten realistisch umsetzen lässt. Auch hier appellieren wir: ALLE Führungskräfte sind dabei gefordert, diese Kultur zu leben, und das beginnt damit, sich mit allem, was neu kommt, im Vorfeld auseinanderzusetzen, sich Neues durch Lernen anzueignen.

Die Erfolgsfaktoren für das virtuelle Führen von Teams sind:

- Bildung einer Leadership-Koalition und von gemeinsamen Führungsgrundsätzen (Vertrauen), sowie Vorbildwirkung.
- Leadership ist der Treiber für die Umsetzung von ortsunabhängigen Teams.
- Kommunikation (inkl. Reflexion).
- Remote Kompetenz in Form von Wissen über die IT-Technologie.
- Methodenkompetenz in Form von Wissen über Methoden des agilen Projektmanagements.

3.1 Kultur der virtuellen Führung ortsunabhängiger Teams

Einen gemeinsamen Konsens bei der Organisationsform und der Einführung von ortsunabhängigem Arbeiten sehen wir auf allen Führungsebenen als notwendig an. Basierend auf dieser Erkenntnis, möchten wir Ihnen in Kapitel 4 ein Werkzeug in Form des Modells **5 Phasen der virtuellen Integration** (Eberharter & Klingelhöller, 2021) für das Leadership vorstellen, welches sich mit dem ortsunabhängigen Arbeiten auseinandersetzt.

Die Dringlichkeit (Warum) für Virtuell Work kann aus einer Analyse hervorgehen oder durch unvorhergesehene Ereignisse entstehen (neue Strategie, Abstoßen einer Business Unit etc.). Das Verstehen dieser Dringlichkeit liegt in der Verantwortung der Unternehmensleitung, damit die notwendigen Schritte für die Einführung von Remote-Management eingeleitet werden können. Diese Aktionen erfordern eine ganzheitliche Betrachtung des Unternehmens.

IMPULS

Für das Einführen von Virtuell Work ist es notwendig, dass die Entscheidung dafür von der Unternehmensleitung getragen wird. Erforderliche Maßnahmen müssen gemeinsam über die verschiedenen Führungsebenen hinweg definiert und koordiniert werden. Das transparente Kommunizieren der Beweggründe an die Mitarbeitenden sowie die Bereitschaft, mehr Verantwortung an die Mitarbeitenden bei der Entscheidungsfindung zu übertragen, ist der Schlüssel zum Erfolg.

Bitte seien Sie sich bewusst, dass die kulturelle Verankerung und Umsetzung des ortsunabhängigen Arbeitens von Unternehmen zu Unternehmen unterschiedlich sind. Diese Arbeitsweise kann bereits als ein Teil der Kultur gesehen werden, während andere Unternehmen diesen Stand noch nicht erreicht haben. Es gibt Unternehmen, die Veränderungen bewusst in Angriff nehmen und den Umsetzungsstart und die Dauer in Form einer Firmenstrategie steuern können. Andere können das nicht oder befinden sich erst auf dem Weg dorthin.

Neben technologischen und organisatorischen Aspekten spielen die weichen Faktoren, wie Kommunikation, Methodenkompetenz und Fachkompetenz, eine große Rolle.

Ein wichtiger Erfolgsfaktor für die Führung von virtuellen Teams liegt im Vorleben von Werten wie Vertrauen, Eigenverantwortung, Selbstorganisation und einer gemeinsamen Zusammenarbeit. Wir hoffen sehr, dass Ihnen unsere Ausführungen dabei helfen, diese Hürden anzupacken, und Sie auch bei bestehenden Widerständen dranbleiben.

IMPULS
WIRD DIE ENTSCHEIDUNG VOM UNTERNEHMEN GETRAGEN?
MEINE WAHRNEHMUNG

Werden die Beweggründe für die Entscheidung verständlich an die Mitarbeitenden kommuniziert?

- ....
- ....
- ....

Werden die Mitarbeitenden bereits in Vorprojekten in die Entscheidungsphase einbezogen?

- ....
- ....
- ....

Ist die Entwicklung der Mitarbeitenden im Sinne einer Kompetenzsteigerung gewünscht?

- ....
- ....
- ....

Ist die Entwicklung der Mitarbeitenden innerhalb eines Teams gewünscht?

- ....
- ....
- ....

Wir wissen, wie herausfordernd es sein kann, von bestehenden Regeln, bisherigem Verhalten und Gelerntem abzuweichen und Ja zu sagen zu einer gelebten Lern- und Fehlerkultur. Dies setzt sehr viel Mut voraus. Wir wünschen Ihnen, dass Sie hierbei den richtigen Weg für sich finden. Es wird weiterhin Führungskulturen geben, welche mehr in Verdachtskulturen operieren. Einer der Auslöser dafür sind die veränderten Bedingungen der Kommunikation. Bei ortsunabhängigem Arbeiten ist es nicht mehr möglich, jederzeit die Tätigkeit des Mitarbeitenden zu kontrollieren. Aus diesem Grund ist es notwendig, dass beim Arbeiten in virtuellen Teams ein Mindestmaß an Vertrauen geschenkt wird. Dies setzt voraus, die Machtstrukturen innerhalb des Unternehmens anzupassen.

Die Rolle des Leaders ist von grundlegender Bedeutung, da im Falle der Führung im Virtuell Work den Mitarbeitenden ein großes Maß an Vertrauen entgegenbracht werden sollte. Das Leadership stellt die notwendigen organisatorischen Strukturen zur Verfügung. Die Implementierung dieser Plattform setzt Kenntnisse über den Einsatz von kollaborativen Tools und agilen Methoden voraus.

Eine zusätzliche Aufgabe des Leadership sehen wir im Aufbau einer tragenden Unternehmenskultur in Form einer kollaborativen Zusammenarbeit, die Verständnis für die Bedürfnisse von anderen ermöglicht. Die Führungskraft der Zukunft sehen wir als Mentor, versehen mit dem Auftrag, die Mitarbeitenden zu befähigen. Beim Führen von virtuellen Teams ist es notwendig, dass sich das Leadership mit neuen Methoden und kollaborativen Werkzeugen auseinandersetzt, da es als Vorbild fungiert. Die Vergabe von Kompetenz und Entscheidungsbefugnis in Form von Rollen erachten wir als ein Muss. Und dieser Entscheid in Rollen zu fungieren, bedingt die Einbindung von Human Resources.

HINTERGRUNDWISSEN

Es ist notwendig, dass die Mitarbeitenden eines Unternehmens die Veränderungsmaßnahmen verstehen und dem neuen konzeptionellen Rahmen folgen können. Schnell und flexibel werden bedeutet, dass die DNA, die Seele des Unternehmens, umgebaut werden muss. Es gilt, das gesamte Unternehmen zu betrachten, damit eine nachhaltig wirkende Transformation erzielt werden kann (vgl. Lasnia & Nowotny, 2018, S. 59ff.).

IMPULS
MEIN AUFTRAG

Beschreiben Sie zu Beginn das Projekt und die einzelnen Meilensteine! Gibt es ein Projekt? Gibt es eine Dringlichkeit? Wer hat einen Nutzen davon?

MEIN AUFTRAG

Was ist die Dringlichkeit? Was ist das Problem? Was ist das Warum?

- ....
- ....

Wie würden Außenstehende mein Problem beschreiben?

- ....
- ....

Warum ist es ein Problem?

- ....
- ....

Was wäre nötig, damit aus dem Problem ein Nutzen wird?

- ....
- ....

3.2 Virtuelle Umsetzung ist ein Führungsthema

Die heutige, weltweite Realität: Auf ein immer komplexeres Umfeld muss reagiert werden, die Vielzahl an bekannten und neuen Anforderungen scheint kaum mehr überschaubar. Herausforderungen, die eine Zusammenführung von Unternehmen, Organisationen und/oder Abteilungen innerhalb derselben Firma zugunsten von Kostensenkung, Steigerung von Synergien und Ressourcen mitbringen, gilt es ebenfalls im Leadership zu managen.

Der Fokus liegt im Lead, wie Sie beispielsweise bei einer Zusammenführung von zwei Firmen oder auch nur von zwei Abteilungen die vorherigen Unternehmenskulturen, parallel gelebte Prozesslandschaften und die unterschiedlichen Mitarbeitenden zu einem geeinten Team zusammenbringen können. Wir sind davon überzeugt, dass ein bewusster Weg – in Form einer begleitenden Transformation – das Zusammenwachsen rasch ermöglicht.

Beim Start des Virtuell Work kann der Handlungsbedarf in den evtl. noch unterschiedlichen Teams sehr hoch sein. Damit das Vorgehen für Sie gelingen kann, ist im Rahmen der Analyse ein Paket in Form von klaren Zielen zu definieren, das eine Implementierung der neuen Zusammenarbeitsmethode real umsetzbar macht.

Aus unserer Erfahrung wissen wir, dass Themen wie Kommunikation, Vertrauen und Selbstorganisation unterschiedlich gelebt werden. Dadurch können sich Schwierigkeiten bei der Koordination beispielsweise von neu gegründeten Teams abzeichnen.

Die Folgen: Unklarheit über die tatsächliche Auslastung und die effektiv verfügbaren Ressourcen sowie Schwierigkeiten bei der Planung, was zu Verzögerungen bei wichtigen Projekten führt.

Zielsetzung der Führung muss ein höheres Maß an Übersicht und Transparenz in den jeweiligen Abteilungen, Standorten oder gar Ländern sein, um in einer sehr volatilen Umgebung den Überblick zu erhalten und beizubehalten. Das Definieren der Rollen und Stellvertretungen innerhalb der Teams muss nachhaltig sichergestellt werden.

Es ist uns ein Anliegen, Sie an unseren Erfahrungen im Führen von ortsunabhängigen Teams und im Balancefinden und -halten zwischen dem Aufbruch in die Digitalisierung und dem Bewahren von Bewährtem teilhaben zu lassen. Ihr Nutzen soll es sein, von Erfolgsfaktoren und Grenzen bei der virtuellen Führung von Teams von geografisch getrennten Organisationen (länderübergreifend, verschiedene Standorte, verteilte Teams, Mitarbeitende im Office und/oder zu Hause) zu erfahren. Zusätzlich werden Sie Methoden und Werkzeuge kennenlernen, die aus unserer Sicht eine nachhaltige Umsetzung möglich machen und zu einer Steigerung der Attraktivität des Arbeitsplatzes durch ortsunabhängiges Arbeiten führen können.

In den **5 Phasen der virtuellen Integration** (Eberharter & Klingelhöller, 2021) beschreiben wir, wie Leadership in ortsunabhängigen Teams innerhalb von drei Monate erfolgreich umgesetzt werden kann: **In 100 Tagen VIRTUELL WORK meistern.**

MEINE NOTIZEN

IN 100 TAGEN ZUR VIRTUELLEN INTEGRATION IN 5 PHASEN

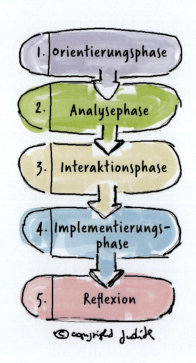

4 IN 100 TAGEN VIRTUELL WORK MEISTERN

Die Fristsetzung der ersten 100 Tage ist uns aus der Politik wohl bekannt. Dieses Prinzip lässt sich für die Implementierung von Virtuell Work adaptieren. Ihnen sind die Abläufe in Ihrer Abteilung vielleicht gut vertraut oder Sie beginnen in einer neuen Position und kennen den Bereich noch nicht. Beiden Ausgangspositionen ist gemein, dass Sie mit Teams arbeiten werden, die vielschichtig und komplex miteinander agieren, was Sie nicht innerhalb kürzester Zeit durchdringen oder gar rasch verändern können. Wir möchten Ihnen unsere Methode an die Hand geben, damit Sie rasch ins Tun kommen, ohne voreilig handeln zu müssen oder gar aus mangelnder Kenntnis die falschen Entscheidungen treffen.

Die ersten 100 Tage im Virtuell Work sind planbar, strukturiert und abgestimmt und in einem gemeinsamen Commitment mit **5 Phasen der virtuellen Integration** (Eberharter & Klingelhöller, 2021) hinterlegt, die es Schritt für Schritt umzusetzen gilt: von der Orientierung zur Analyse und Entscheidung, gefolgt von der Interaktion und Implementierung bis zur Reflexion. Dieses Modell baut darauf auf, dass von der Analyse der Symptome über eine gemeinsame Definition der notwendigen, kollaborativen Tools unter Einbezug der Mitarbeitenden die neue Plattform zusammen erstellt wird. Der Fokus liegt dabei auf dem Erlernen von neuen Interaktionsformaten, damit besser miteinander gearbeitet werden kann. Zur Sicherstellung der Nachhaltigkeit setzen wir auf eine Lernfortschrittskontrolle, um weitere Informationen zu Nutzen oder Gaps für und über die Mitarbeitenden zu erhalten.

4.1 Orientierung
4.1.1 VISION, MISSION UND ZIELDEFINITION

Das Umdenken bei der Einführung von Virtuell Work ist nur erfolgreich, wenn es nachhaltig und strategisch in die Unternehmenskultur eingebunden ist. Ein zentraler Bestandteil einer solchen Strategie ist die Vision. Diese ist vorrangig mit Unternehmenszielen und -politik abgestimmt. Agil und zeitlich vorgeplant ist sie als Ausrichtung des Unternehmens impulsgebend und zielorientiert. Häufig werden zeitliche Meilensteine von drei, fünf oder mehr Jahren genannt. Damit ist die Vision die Grundlage für alle weiteren Schritte.

Bevor mit der Umsetzung begonnen wird, ist es notwendig, sich über das Warum Klarheit zu verschaffen. Daraus kann dann zusammen die Vision, nach der sich das Unternehmen und eine Abteilung ausrichten soll, definiert werden. Als Hilfsmittel dienen gemeinsam definierte Regeln oder auch Werte, wie zusammengearbeitet werden soll. Das Wie meint das gemeinsame Definieren eines Verhaltenskodexes.

Es geht darum, eine Zieldefinition zu beschreiben und festzulegen. Der Prozess der Entwicklung eines „virtuellen" Zusammengehörigkeitsgefühls, das Entstehen von Vertrauen und das Erreichen eines effizienten Arbeitsprozesses ist anders als bei der Arbeit vor Ort.

ZEITRAHMEN DER ORIENTIERUNG

EMPFEHLUNG: 1. BIS 2. WOCHE

TIPP

Bewährt hat sich in unserem Beispiel, die Phase der Orientierung in einem Zeitraum von 1-2 Wochen zu durchlaufen.

IMPULS

Führen Sie sich Ihr System vor Augen:

- Wer steht zu wem in welcher Beziehung?
- Weshalb sucht XY nicht den Blick bzw. Austausch mit den Vorgesetzten, und kann der Leader damit leben?
- Wieso distanziert sich XY von YZ?
- Wo bestehen welche Abhängigkeiten in Ihrem Team?
- Wie sollte das System idealerweise aufgestellt sein?
- Welche Interessen liegen bei XY?
- Wie können Sie diese Interessen berücksichtigen?
- Wie stellen Sie einen ausreichende, aber auch ressourcenschonende Kommunikation zu allen Beteiligten her?

Viele Wege führen zu einer virtuellen Kommunikationsplattform. In Ihrem Unternehmen sind Sie mit der Rolle betraut, den Weg mit den Mitarbeitenden zu planen und umzusetzen. Und genau hier stehen Sie vor einer wichtigen Entscheidung. Kennen Sie bereits das Warum, für das Sie in Aktion gehen wollen? Angesichts der heutigen Komplexität gibt es täglich viele Dinge zu tun und auf den ersten Blick scheint die Antwort im direkten Umsetzen einer Aufgabe zu liegen. Die Erfahrung zeigt, dass Aufgabenstellungen, die immer wieder aufpoppen und zwischen den Abteilungen wie eine heiße Kartoffel hin- und hergeschoben werden, einen klaren Hinweis darauf geben, dass das Warum innerhalb des Unternehmens nicht klar definiert und zugeordnet ist.

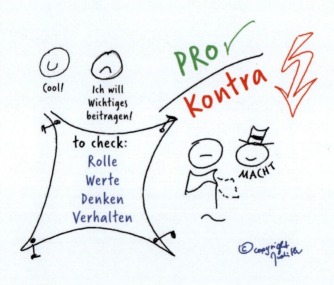

IMPULS
ORIENTIERUNG UND EINE EINSCHÄTZUNG DER MACHBARKEIT ERGEBEN EINEN AUFTRAG

DAS PROJEKT

Noch mehr Probleme?
-
-
-

Was ist ein machbarer Umfang / ein erreichbares Ziel?
-
-
-

Welche Ressourcen sind tatsächlich vorhanden?
-
-
-

Muss eine andere Tätigkeit, ein anderes Projekt zeitlich verlängert werden?
-
-
-

HINTERGRUNDWISSEN

Alexandra Kühn, Geschäftsführerin und digitale Nomadin bei Work Smart Initiative, untermauert mit ihren Aussagen die Wichtigkeit der gelebten Kultur ortsunabhängigen Arbeitens durch die Unternehmensleitung. Diese Kultur muss als ein fixer Teil der Strategie gesehen werden. Das flexible Arbeiten muss vom Unternehmen getragen und die Führungspersonen müssen befähigt werden, damit das flexible Arbeiten in die Teams implementiert werden kann – so ist es möglich, dass Mitarbeitende das ortsunabhängige Arbeiten leben können. Ziel sollte sein, dass es für das Unternehmen (z. B. durch Platzersparnis) und für die Mitarbeitenden (z. B. durch eine bessere Vereinbarung der Lebensbereiche) gewinnbringend eingesetzt wird (vgl. Kühn, 2019, 4:54, abgerufen am 20. Dezember 2020). Ein Coach, der als Vorbild vorangeht, kann diesen Prozess nachhaltig beschleunigen (vgl. Kühn, 2019, 6:09, abgerufen am 20. Dezember 2020).

Die Mission stellt klar, was man als Unternehmen macht, wofür man steht, was einen einzigartig macht und wie die Kundenorientierung ist.

Damit Mitarbeitende mit den damit einhergehenden Veränderungen und Unsicherheiten umgehen können, ist die Vorbildwirkung des Leaderships nötig, damit an den Sinn der eigenen Tätigkeit geglaubt werden kann (vgl. Puckett & Neubauer, 2018, S. 60 ff.).

IMPULS

Wenn Sie sich in Ihrer Rolle als Leader Gedanken zu einer agilen Unternehmenskultur, beispielsweise in Form der Einführung einer Selbstorganisation, machen, liegt es in Ihrer Verantwortung, sich Ihrer Beweggründe (Warum mache ich das?) bewusst zu werden und sich auch darüber Gedanken zu machen, was das für andere Abteilungen bedeutet bzw. welche Konsequenzen es für Sie, Ihre Mitarbeitenden, Ihre Kunden, Ihre Stakeholder – im Positiven wie im Negativen – haben könnte. Möchten Sie selbstständigere Teams gestalten, die zusammen gute Entscheidungen treffen können, dann ist das durch die Einführung von agilen Methoden möglich.

In unserem Beispiel ist uns des Öfteren ein Hin und Her aufgefallen. Jede Abteilung hat – und meint vor allem, dies zu haben – einen eigenen Sinn und Zweck und damit ein eigenes Warum. Dieses mitunter äußerst ausgefeilte und über viele Jahre zelebrierte Silodenken führt häufig zu Missverständnissen in der Kommunikation zwischen den verschiedenen Leaderships. Sie erkennen solche „Abteilungsburgen" daran, dass lediglich an den Symptomen gearbeitet wird und nicht an den Ursachen, dass zum Beispiel bei Schwierigkeiten in der Aufgabenumsetzung nur die Mitarbeitenden befragt werden. Wenn Sie Aufgaben lösen wollen, damit diese nicht immer wieder wie ein lästiger Bumerang auf Sie zurückkommen, sind zwei Fragen entscheidungsgebend:

Erstens: Warum tun Sie, was Sie tun? Oder: Was ist der Sinn Ihres Tuns?

Und *zweitens*: Was sollen Sie erreichen? Oder: Was soll der Zweck für das Unternehmen sein, wozu dient das Ergebnis?

4.1.2 HANDLUNGSSPIELRAUM UND STAKEHOLDER

Bitte seien Sie sich bewusst, welchen Einfluss Sie in Ihrer Organisation real haben und wo Ihr Einfluss endet. Jede Organisation hat, bedingt durch ihre Vergangenheit, ihre eigenen Abläufe und Regeln. Daran ist nichts gut oder schlecht. Es ist, wie es ist.

Wichtiger ist, dass Sie sich als Führungskraft damit auseinandersetzen, wie groß Ihr Handlungsspielraum tatsächlich ist. Erhalten Sie Unterstützung für Ihr Vorhaben oder stehen Sie mit Ihren Ideen allein da, da die Idee in der Vision, die Mission, der Auftrag und die Ziele schlicht nicht platziert bzw. nicht gewollt sind? Um Antworten auf diese Frage zu erhalten, ist es notwendig, sich mit den Abhängigkeiten innerhalb und außerhalb der Organisation zu befassen.

Die Berechtigung eines Projektes hängt davon ab, ob es Stakeholder gibt, die es unterstützen, und ob es zur Strategie des Unternehmens passt. Der Begriff Stakeholder umfasst mehrere Bedeutungen: Interessensvertretung, Anspruchsberechtigte oder schlichtweg die, die für Ihren Erfolg relevant sind (Augspurger, 2016, S. 91 ff.).

Je besser es gelingt, sich in die Lage von möglichen Stakeholdern hineinzuversetzen, umso höher ist die Chance zu erkennen, was ihre Treiber (ihre Motivation) sein könnten, die das eigene Projekt unterstützen. Und ja, auch die Einschätzung kann falsch sein, davor ist niemand gefeit. Auch hier gilt: Besser es versuchen und Motive erkennen, egal ob diese positiv oder negativ sind. Ziel sollte es sein, die Stakeholder zu erkennen, die das Projekt zum Scheitern bringen könnten. Und eines ist so sicher wie das Amen in der Kirche: Die gefährlichen Stakeholder sind diejenigen, die sich bedeckt halten oder neutral wirken. Diese ändern bekanntlich täglich ihre Meinung. Um diese Stakeholder müssen Sie sich kümmern.

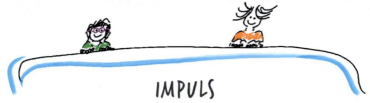

IMPULS

MEIN UMFELD – MEIN SYSTEM

MEINE WAHRNEHMUNG

Wer arbeitet mit wem gut zusammen?
- ....
- ....
- ....

Wer zeigt wem gegenüber Widerstand? Ist der Hintergrund bekannt?
- ....
- ....
- ....

Wie könnte der Widerstand beseitigt werden?
- ....
- ....
- ....

Macht eine neue Zuordnung der Rolle Sinn?
- ....
- ....
- ....

Es kann sein, dass Sie nun sagen, da gibt es niemanden und wir verstehen uns super. Nun, wir empfehlen Ihnen, schauen Sie sich Ihr Unternehmen und Ihre Organisation etwas genauer an. Wir sind überzeugt, dass auch Sie sogenannte gefährliche Stakeholder finden werden. Diejenigen, die Ihnen die Meinung ohne Verschnörkelung darlegen oder diese am liebsten schon umsetzen möchten, sind bereits dabei, sie benötigen evtl. immer wieder eine Zielausrichtung, Meilensteine für das Vorangehen – jedoch werden sie nicht diejenigen sein, die das Projekt scheitern lassen wollen. Im Gegenteil, gerade ehrliche und klar dargelegte Widerstände sind im Grunde der Zündstoff, aus dem neue Möglichkeiten und innovative Ideen entstehen können.

Es gibt keine Standardempfehlung für den Zeitrahmen der Phase der Orientierung. Es hat sich in unserem Beispiel bewährt, die Vorüberlegungen innerhalb der ersten zwei Wochen zu durchlaufen. Dabei sind alle Stakeholder zu bedenken sowie deren Zeitfenster, was die eigene Zeitplanung vielleicht das eine oder andere Mal umzuwerfen vermag.

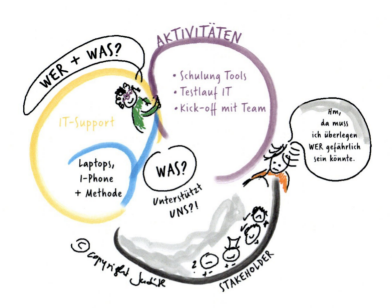

4.2 Analyse und Entscheidung

Das Wort Analyse ist wahrlich nicht sexy. Uns ging es zu Beginn ähnlich und der innere Schweinehund, damit zu starten, war nicht leicht zu zähmen. Doch mal ehrlich, macht es Sinn, mit irgendeinem Aktivismus zu starten im Sinne „wird schon werden"? Angesichts der heutigen Komplexität ist das unseriös und schon gar nicht empfehlenswert.

Früher gab es Arbeiten, die eine einzelne Person durchführen konnte. Wir sind uns wohl einig, dass diese Zeiten immer mehr der Vergangenheit angehören. Die wachsende Komplexität bedingt das Denken und Arbeiten mit den verschiedensten Schnittstellenpartnern in der eigenen oder auch in anderen Abteilungen. Sobald zwei Personen miteinander über ein PROblem sprechen, haben Sie im Grunde ein Projekt vor sich. Und wenn zwei Personen keine Lösung finden, ist das bereits ein Indiz dafür, dass weitere Mitdenker nötig sind, damit das Problem in eine Lösung überführt werden kann.

Unsere Erfahrung zeigt, dass die Antwort für die Lösung eines Problems in anderen Abteilungen abzuholen ist oder grundsätzlich erst in einem „Überblick" erkannt wird. Sobald das Problem verstanden ist, kann an seiner Lösung gearbeitet werden. Es gilt, auf der einen Seite die bestehende Komplexität zu verstehen, damit auf der anderen Seite die Teams in ihrer Komplexität ergebnisorientiert begleitet werden können. Wichtig ist, dass zu Projektbeginn ein besseres Verständnis für die Organisationsstruktur vermittelt wird.

ZEITRAHMEN FÜR ANALYSE UND ENTSCHEIDUNG

EMPFEHLUNG: 3. BIS 4. WOCHE

TIPP

Es gibt keine Standardempfehlung für den Zeitrahmen der Phase „Analyse und Entscheidung". Es hat sich in unseren Projekten bewährt, die Analyse innerhalb der dritten bis vierten Woche zu durchlaufen.

IMPULS

MEINE METHODEN ZUR ANALYSE UND ENTSCHEIDUNG
VIELE TOOLS – WELCHE KÖNNTEN SICH EIGNEN?

Mit wem möchte ich die Methode testen, mich an sie herantasten?

- ....
- ....
- ....

Wer aus dem Team hat Interesse daran, mitzuarbeiten?

- ....
- ....
- ....

Welche Mitarbeitenden stehen diesen Methoden in der Tendenz eher negativ gegenüber?

- ....
- ....
- ....

4.2.1 EIN GUTER START MIT DER PASSENDEN METHODE

Gemeinsames Definieren stellt ein schnelleres Verstehen unter allen Beteiligten sicher. Das gemeinsame Definieren, das Vorleben und das fortlaufende Feintuning liegt in Ihrer Verantwortung als Führungskraft. An diesen Themen haben wir in unserem Beispiel stets gemeinsam gearbeitet. Wir sind davon überzeugt, dass das gemeinsame Analysieren die Grundvoraussetzung für das Verstehen der Situation und die Freigabe des Projektes seitens des Vorstands und des CEO ist, seitens der Mitarbeitenden ebenso. Die Analysen und Erkenntnisse haben unsere Überzeugung mit Fakten untermauert, die dann wiederum wirkungsvoll in Präsentationen eingesetzt werden konnten.

Uns ist wichtig, dass Teams – ob von mehreren Standorten, vom Homeoffice aus oder in der einen Geschäftsstelle – zueinanderfinden und das bestehende Chaos aus täglich neuen Projekten in eine Struktur bringen, damit jeder im Team die Chance hat, die Aufgaben zu erfassen und seinen Beitrag zu leisten.

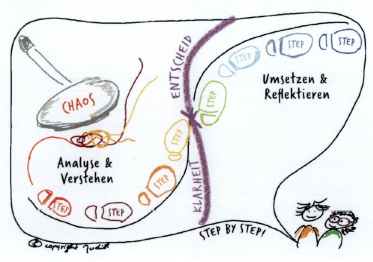

Dabei vertrauen wir uns gegenseitig, wir sind bereit, die jeweilige Rolle im Projekt miteinander zu definieren, und übernehmen die Verantwortung für unser Handeln. Es kann schiefgehen, ja – aber wir glauben daran, dass wir zusammen unter Einbezug von Analyse- und Entscheidungstools die notwendigen Maßnahmen definieren und deren Umsetzung in eine Machbarkeit überführen können.

Es lohnt sich, mehrere Analysetools einzusetzen, damit eine Herausforderung, ein PROblem (Symptom) oder ein neues Ziel von mehreren Seiten betrachtet werden kann, was verschiedene Blickwinkel und Möglichkeiten zur Optimierung liefert.

IMPULS

Eine Vielzahl an Methoden steht Ihnen zur Verfügung. Alle Tools können von Ihnen oder in Zusammenarbeit mit Ihren Teams oder anderen Leadern bearbeitet werden.

- Hat Ihre Idee einen Nutzen für das Unternehmen?
- Passt Ihre Idee zur Unternehmensstrategie?
- Was sind die Risiken, wenn virtuell geführt wird?
- Was sind die Risiken, wenn auf virtuelle Führung verzichtet wird?
- Ist Fachkompetenz vorhanden?
- Wie ist die Stellvertretung geregelt?
- Besteht ein Bedarf nach Austausch?
- In welcher Form?
- Wie sieht die bestehende Teamstruktur aus?
- Ist die geeignete IT (Hardware/Software) vorhanden? Sind Schulungen der Mitarbeitenden notwendig (Software, Hardware, Methode)?

NUTZEN

In der Fachliteratur wird die Kombination von Projektmanagementmethoden, Analysemethoden und Methoden für die Zusammenarbeit hervorgehoben. Das Zusammenwirken gibt einem Unternehmen Struktur und damit Sicherheit. Dadurch werden Sie flexibel und schnell.

TIPP

Im Internet finden sich verschiedenste Hilfsmittel und Methoden. Ebenso halten wir die Fachliteratur für gute Impulsgeber. Um nur einige zu nennen: [1]

- PESTEL Analyse (Deltl, 2020, abgerufen am 6. März 2021)
- So wird eine SWOT Analyse erstellt (Fleig, 2018, abgerufen am 17. Mai 2021)
- Vorgehensweise bei der Nutzwertanalyse (Fleig, 2017, abgerufen am 15. Juni 2021)
- Relevanzbaumanalyse (Hillebrand, 2009, abgerufen am 20. Februar 2021)
- Erstellen Sie ein neues Business Model Canvas – Canvanizer (https://canvanizer.com/, abgerufen am 2. Juni 2021)
- kanbanize, die 5 Warums: das ultimative Tool zur Grundursachenanalyse (kanbanize, 2020, abgerufen am 11. November 2020)
- Buch: Agile Werte leben (Wiechmann & Paradiek, 2020).
- Buch: Agile Evolution (Lasnia & Nowotny, 2018) und die Beschreibung von Agilen Praktiken wie Design Thinking, Scrum, Backlog, Kanban Boards.

---

[1] Die einzelnen Links sind im Literaturverzeichnis aufgeführt.

4.3 Interaktion

Die Phasen der Orientierung und Analyse sind wichtige Arbeitsphasen. Jedoch erfordert die Einführung neuer Arbeitsformate auch Menschen, die sie umsetzen. Erst sie bringen ein Projekt zum Erfolg. Eine der größten Herausforderungen zeigt sich häufig zu Beginn des Projektes. Es scheint so einfach zu sein, ab sofort Virtuell Work einzusetzen, das Moderne zu etablieren, aber was ist mit den liebgewonnenen Vorteilen eines klassischen Büroalltags, dem bekannten Kollegen, mit dem man sich das Büro teilt, dem Sitzplatz, der einen genau so am nächsten Morgen erwartet, wie man ihn am Abend verlassen hat? Vielen wird in solchen Momenten bewusst, welche Vorteile sie aufgeben, wenn sie sich eigentlich mit großen Schritten nach vorne bewegen sollten. Nicht jeder Mensch fühlt sich wohl in seiner Haut, wenn sich Dinge um ihn herum ändern. Nicht jeder ist ein extrovertierter Weltenbummler, der leicht neue Kontakte knüpfen kann. Es zeigt sich in der Startphase recht schnell, wer von den Mitarbeitenden einen gewohnten, sicheren Arbeitsplatz vor Ort, an dem er auf bekannte Menschen trifft, bevorzugt gegenüber einem ortsunabhängigen Arbeitsformat.

ZEITRAHMEN DER INTERAKTION

EMPFEHLUNG: 5. BIS 7. WOCHE

TIPP

Bewährt hat sich in unserem Beispiel, die Phase der Interaktion in einem Zeitraum der 5. bis 7. Woche zu durchlaufen.

HINTERGRUNDWISSEN

Je nach Persönlichkeitsmodell können Sie Ihre Kommunikation so gestalten, dass sich Ihr Gegenüber schneller und verständlicher angesprochen fühlt. In diesem Zusammenhang gerne erzählte Beispiele möchten wir Ihnen nicht vorenthalten: Während Sie bei einem distanzierteren Typ exakt argumentieren sollten, ist bei einem harmonisierenden Typ Small Talk angezeigt. Beim kreativen Typ wiederum lösen Überraschungen Freude aus, während dies beim organisierten Typ das Gegenteil bewirkt.

Mit diesen Impulsgedanken möchten wir auf die vielfältigen Kommunikationsaspekte hinweisen, die Sie im Virtuell Work verstärkt vorfinden werden. Weiterführende Informationen finden Sie in der Fachliteratur und im Internet.

Machen Sie sich bewusst, dass es verschiedene Persönlichkeiten innerhalb Ihres Teams und des Leaderships gibt. Wie Sie als Führungskraft wirken und für welche Werte Sie stehen, beeinflusst diese Interaktionen. Es kann hilfreich sein, sich über den einen oder anderen Charakterzug Gedanken zu machen, um entsprechend agieren zu können. Wichtig ist uns an dieser Stelle, dass die folgenden Typisierungen keine Wertungen vornehmen und sie die Menschen nicht in Schubladen sortieren. Es kommt immer auf die konkrete Situation oder Aufgabe an. Die Beschreibungen der Typen sollen Sie dabei unterstützen, herauszufinden, welche Teammitglieder in welcher Konstellation zu bestimmten Arbeitsergebnissen kommen können. Ebenso ist es hilfreich zu überlegen, wie Sie sich selbst optimal bei einem bestimmten Stakeholder-Typus verhalten bzw. was Sie unbedingt vermeiden sollten.

MEINE NOTIZEN

4.3.1 WIE SCHAFFEN SIE VERTRAUEN?

Für Sie als Leader ist eine regelmäßige Kommunikation nichts Neues. Neu sind aber vielleicht der Wirkungskreis und die verschiedenen digitalen Programme.

Es handelt sich um das Prinzip, in Kontakt zu stehen ohne eine sofortige direkte An- bzw. Aufnahme des Kontakts. Vergleichbar ist dies mit dem Zulächeln auf dem Flur bei einer zufälligen Begegnung oder dem ermutigenden Schulterklopfen. Das schafft Motivation und Nähe – auch über räumliche Grenzen hinweg.

Seien Sie auch virtuell sichtbar! Nutzen Sie den Anwesenheitsstatus und setzen Sie diesen im Team als Standard fest. So ist ersichtlich, ob Sie gerade einen Termin haben oder verfügbar sind. Wir haben sehr gute Erfahrung damit gemacht, ein Gespräch anzufragen, indem im Chat ein Telefonhörer als Icon erscheint, was bedeutet: „Bitte um Rückruf, wenn es passt." So hat der Angeschriebene die Möglichkeit, zu entscheiden: Wann kann ich zurückrufen? Wie sieht mein Hintergrund bei einer Videoübertragung aus?

Es hat sich gezeigt, dass auch mit Icons wie Smileys gearbeitet werden kann, um Gefühle auszudrücken. Je weniger Text genutzt wird, umso größer ist die Steigerung der Motivation, die zu verzeichnen ist. Auch ist eine Reduzierung von Missverständnissen zu bemerken, da bei komplexeren Sachverhalten tendenziell viel eher gesprochen, also (virtuell) angerufen wird. Das ewige E-Mail-Pingpong, das sich über mehrere Seiten erstreckt, nimmt so kontinuierlich ab, um einen Sachverhalt lieber mündlich zu klären.

Gerade weil man nicht mehr zusammen in einem Büro ist, wo man sich sehen kann, bildet sich die Grundhaltung heraus, dass man innerhalb des Teams davon ausgeht, der andere meldet sich, sobald er verfügbar ist. Es ist davon Abstand zu nehmen, direkt zu reagieren oder diese Erwartungshaltung zu haben. Das Commitment lautet, dass man sich gegenseitig genügend Zeit einräumt zu reagieren und auf Fragen zu antworten.

Virtuell Work funktioniert, wenn Sie alles auf das digitale Arbeiten ausrichten – also einen kompletten Transfer auf diese Arbeitsweise durchführen, ohne andere Option oder Alternative. Dieser Schritt ist daher endgültig und muss gut durchdacht sein. Gerade zu Beginn des Virtuell Work ist es für Sie unabdingbar, einen proaktiven Kommunikationspfad zu Ihrem Team zu verfolgen. Das Team muss lernen, mit den neuen Methoden zu arbeiten, es muss sich selbst neu aufstellen, sich selbst steuern und lernen, Vertrauen in sich und die anderen Teammitglieder zu haben. Zum Start sollten Sie daher nicht auf schriftliche Kommunikation verzichten, da diese bekannt bzw. vertraut ist und Sicherheit gibt. Klar muss sein, dass diese gründlich und verständlich formuliert ist. Zudem sind schriftliche Informationen hilfreich bei Entscheidungen, zur Nachvollziehbarkeit und sie dienen der Transparenz.

Es kommt vor, dass der eine oder andere aus dem Team gerade zum Start mehr Kommunikationsbedarf hat. Hier liegt es an Ihnen, wie viel Raum Sie gewähren wollen. Eines ist aber sicher, je mehr Interesse Sie an jedem Einzelnen zeigen, desto höher wird sich das Vertrauen ausbilden und desto schneller wird es zu einer Umsetzung kommen.

IMPULS

- Ist eine gemeinsame Chatkultur vorhanden? Der Ablauf des Meetings und die Rollen sind allen Teilnehmenden bekannt? Eine gute Agenda ist 90 % des Erfolgs.
- Die Erwartung an das Meeting ist definiert? Das Ziel des Meetings ist definiert?
- Wie gestalten? (Hilfsmittel, Beamer etc.)
- Gewünschte Antworten mit genauem Zeitpunkt angeben, ansonsten ist dies innerhalb von zwei bis drei Tage auch okay, und wenn es strategisch drängt, nutzen Sie das Telefon und das persönliche Gespräch.

Ein weiterer Schritt in Richtung Vertrauensbildung ist das Teilen des Bildschirms. Dabei ist darauf zu achten, dass persönliche Daten, wie E-Mails oder Briefe, geschlossen und nicht sichtbar sind. Mit dem Teilen geben Sie Ihre Arbeitsweise bekannt, Sie teilen nicht nur den Bildschirm, Sie teilen auch, wie Sie schreiben und wie sicher Sie sich in den Programmen auskennen – Sie teilen Ihr Wissen mit dem Team. Das ist der Schlüssel: Kommunikation auf Augenhöhe, Respekt gegenüber allen Teammitgliedern, Stärken und Schwächen zeigen. Zudem haben Sie somit die Steuerung: Sie geben an, wie ein Bildschirm aufgeräumt sein soll, Sie zeigen als Vorbild, wie lange Sie an einer Seite arbeiten, Sie demonstrieren, wie viele Programme Sie parallel geöffnet haben. Vor allem aber lassen Sie Ihr Team Ihren Gedanken folgen und fordern die Teammitglieder auf, zu den Ideen und Möglichkeiten ein Feedback zu geben.

Reflexion: Vertrauensbildung

- Kennen Sie den Kommunikationsbedarf, den Ihre Mitarbeitenden haben?
- Nutzen Sie das Bildschirmteilen in der Kommunikation? Wo macht es Sinn, wo ist es hinderlich?
- Achten Sie dabei auf den Persönlichkeits- und Datenschutz. Sind die Dateien mit persönlichen Daten, insbesondere im E-Mail-Account, geschlossen?

4.3.2 WIE KLAPPT'S DENN SO MIT DER KOMMUNIKATION?

Einmal in der Woche findet in einem Teammeeting ein kurzer Austausch statt, in dem Sie das Team über Neuigkeiten informieren bzw. das Team selbst über Aktuelles berichten kann. Das sorgt für Identifizierung, Branding, Gesehen- und Gehörtwerden, Austausch, Gemeinschaft, Informationsfluss, Planungssicherheit und vorausschauendes Handeln.

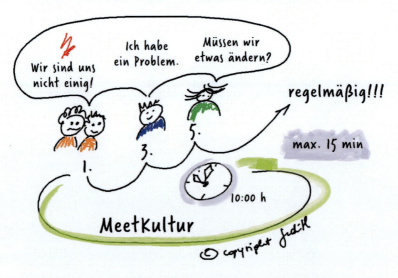

Verständigen Sie sich mit dem Team über Meeting-Regeln, die sogenannte Chatikette. Digitale Meetings sind häufig anstrengender als reale Meetings. Daher sind dabei eine klare Struktur mit einem Moderator sowie die Festlegung von Ziel und Zweck noch wichtiger.

In der Teamkommunikation zeichnet sich vor allem ab, dass die Mitarbeitenden offen für die neuen Techniken und Arbeitsweisen sind. Unterstützend ist sicher auch, wenn man vor dem Arbeiten mit virtuellen Tools diese Techniken in kleineren Testrunden mindestens ein- bis zweimal ausprobiert hat. Zur Auflockerung bringen Sie doch einfach Ihren Kaffee oder auch einen Kuchen mit vor den Bildschirm.

MEINE NOTIZEN

Die zweite Voraussetzung für das virtuelle Arbeiten und die Führung von Teams liegt im Bilden einer Struktur mit regelmäßigen Teammeetings. Wenn Sie es dann noch schaffen, den Fokus auf den Fortschritt der Aufgaben zu legen und die Erfolge zusammen zu feiern, macht diese Form der Arbeit sehr viel Freude. Sie als Leader sind in der Rolle und in der Lage, diese Plattform mit Ihren Mitarbeitenden zu gestalten. Natürlich ist es praktisch, wenn man sich in der Kaffeeküche regelmäßig trifft, aber auch das ist irgendwann Routine und kann als langweilig empfunden werden. Der Mix aus beiden Möglichkeiten und eine gute Balance von Distanz und Nähe kann beide Arbeitsweisen sehr interessant machen. Die Regelmäßigkeit der Meetings sollte von Ihnen vorgegeben, jedoch immer wieder mit dem Team reflektiert und bei Notwendigkeit angepasst werden.

IMPULS

Chatikette (Verhalten beim virtuellen Miteinanderarbeiten: ausreden lassen, keine Schimpfwörter, Kamera an etc.):

- Welchen Umgang wollen Sie beim virtuellen Miteinanderarbeiten pflegen?
- Geben Sie bereits im Vorfeld Ihren Teammitgliedern Aufgaben?
- Ist das Meeting eine Austauschplattform oder dient es der Produktivitätssteigerung?
- Sind die Rollen der Teilnehmenden jedem klar?
- Weiß jeder, was sie/er zum Meeting beizutragen hat?

Das persönliche Treffen ist das A und O. Aus unserer Sicht ist es die wichtigste Form der Kommunikation, da sie die Zusammenarbeit, den Gemeinschaftssinn, den Austausch und die Feedbackkultur fördert. Bei allem Virtuellen ist es notwendig, dass Sie mit allen Teammitgliedern ab und zu zusammenkommen.

Dabei kann ein Thema auf der Agenda stehen, aber vielmehr ist bei diesen Treffen Raum für Austausch, Kreativität und Energietanken zu geben. Wenn man sich sonst nur digital hört, sieht und spricht, ist die gemeinsame Zeit von Angesicht zu Angesicht unschätzbar wertvoll für intensivere, stärkere Bindungen und Beziehungen.

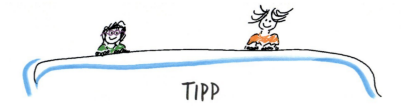

TIPP

- Bei bis zu 5 Personen im virtuellen Meeting kann das Mikrofon geöffnet bleiben, bei einer darüber liegenden Gruppenzahl sollte es zum Start auf stumm geschaltet sein.
- Um den Fokus auf das Meeting zu stärken, sind die anderen Browserfenster zu schließen.
- Die Chattikette besagt, wer einen Hinweis, eine Anmerkung hat, nutzt das Ausrufezeichen in der Chatfunktion, wer eine Frage hat, nutzt das Fragezeichen. So hat der Moderator Übersicht über die Beteiligung und die Reihenfolge der Anregungen sowie einen Nachweis im Chatprotokoll.
- Eine Agenda kann im digitalen Kalender hinterlegt sein, sodass alle eine aktuelle Version vorliegen haben. Dort können die Ergebnisse ebenfalls dokumentiert werden.

IMPULS

Damit die Mitarbeitenden ins TUN kommen, können Sie ein Thema vorgeben: „Wie stellen Sie sich die Arbeitsweise vor?" Jeder im Team überlegt sich darauf, ob er/sie etwas dazu beitragen möchte. Die vorgebrachte Idee wird dann von den anderen Teammitgliedern ergänzt und kommentiert. So haben alle, das Team und Sie als Leader, Kenntnis darüber, welche Erwartungen und Wünsche vorliegen. Es geht darum, die Mitarbeitenden an kreativen Prozessen spielerisch teilnehmen zu lassen. Sie als Führungskraft sind der Impulsgeber, machen ggf. selbst mit oder geben den Rahmen vor und stellen so sicher, dass aus dem Spaß Ideen und Vorfreude auf weitere Arbeitsabläufe resultieren.

4.3.3 WIE BRINGEN SIE EIGENVERANTWORTUNG NACH VORNE?

Hierauf legen wir größten Wert: Die Diversität der unterschiedlichen Charaktertypen ist in die neuen Arbeitsformate zu übertragen. Nach unseren Erfahrungen sind Fachkompetenzen der Mitarbeitenden und eine fortlaufende Weiterbildung notwendig. Von einer Führungskraft erwarten wir nicht, dass sie die gleiche hohe Fachkompetenz hat wie ihre Mitarbeitenden.

Die Voraussetzung sehen wir darin, dass sich ein Leader für die Tätigkeiten der Mitarbeitenden interessiert und versteht, welche Hilfsmittel oder welche Form der Unterstützung notwendig ist, damit ein Ziel erreicht werden kann. Die eigene Erfahrung ist eine gute Basis, jedoch kein Garant dafür, die richtige Entscheidung zu treffen. Die Wirtschaft, die Gesetzgebung und viele andere Einflussfaktoren ändern sich so schnell, dass der Grundsatz lauten sollte: Wen hole ich ins Boot, der Wissen beisteuern kann, bzw. welche Kritiker lasse ich meine Idee zerpflücken? Partizipation unterstützt den Prozess, dass Menschen einander vertrauen.

Entsteht bei Ihnen als Leader der Eindruck, die erbrachte Leistung des Mitarbeitenden entspricht nicht Ihrer Erwartung, ist ein persönliches Gespräch klärend und es erleichtert das Verstehen der Situation. Das gemeinsame Erarbeiten von Lösungen wird machbar. Sind Sie es gewohnt, jederzeit am Schreibtisch Ihrer Mitarbeitenden vorbeizuschauen, um zu verstehen, was sie tun? Nun, das ist virtuell auch möglich, indem Sie sich mit den Mitarbeitenden austauschen. Wir sprechen hierbei nicht von Kontrolle im Sinne von „Hast du die Tätigkeit X erledigt?", sondern davon, Interesse zu zeigen, woran ein Mitarbeitender arbeitet, was die Herausforderungen sind etc. Wenn es sich um das Zusammenarbeiten im Team für ein konkretes Projekt handelt, sprechen wir davon, dass Sie die notwendigen Fach-, IT- und virtuellen Methodenkompetenzen der Mitarbeitenden kennen und bei Bedarf dafür sorgen, diese durch gemeinsame Schulungen zu verbessern. Digitale Tools für das virtuelle Projektmanagement unterstützen das Arbeiten im Team.

Das bedeutet jedoch nicht, dass es einfach von selbst funktioniert. Virtuelles Arbeiten im Team setzt voraus, dass das Team im Vorfeld abgeholt wird und bereits bei der Vorbereitung aktiv mitgestaltet. Und ja, bevor wir von unseren Mitarbeitenden verlangen, mit neuen Methoden zu arbeiten, sehen wir es in unserer Verantwortung, uns mit den agilen Methoden selbst vertraut zu machen.

Der Nutzen dabei ist, dass ein Gefühl für die Dos und Donts gewonnen werden kann und dafür, wo die Herausforderungen in der Umsetzung der Methoden liegen. Erst wenn wir in der Rolle des Vorbildes die Methode verstehen, beziehen wir das Team mit ein und trainieren dies auch mit ihnen.

Das gemeinsame Anwenden führt dazu, dass wir miteinander, voneinander und füreinander lernen und gegenseitiges Vertrauen aufbauen. Die Überzeugung zur Methode wird nachhaltig ausgebildet. Mit dieser Vorgehensweise bauen Sie als Leader das bereits gelebte Managen durch Leadership aus. Sie werden zum Befähiger, zum Coach, der die Innovation ermöglicht, neue Formen der Zusammenarbeit zu etablieren.

Der zusätzliche Nutzen der virtuellen Kommunikationsplattform ist eine erhöhte visuelle Transparenz in Bezug auf die Projekte und die damit verbundenen Aufgaben. Damit wird ein besseres Verständnis der Arbeitsabläufe und Abhängigkeiten untereinander und von den Schnittstellenpartnern ermöglicht. Ein großer Vorteil der Visualisierung liegt darin, dass jeder jederzeit und von überall im Unternehmen einen Überblick über die Projekte und Tätigkeiten haben kann.

Ein positiver Effekt ist, dass weniger nachgefragt (weniger kontrolliert) werden muss, dass weniger Abstimmungsaufwand nötig ist und auch Missverständnisse deutlich reduziert werden. Das Verständnis untereinander für Abläufe und Tätigkeiten wird ebenfalls stark erhöht. Neue Projekte und Maßnahmen werden in einer Sammelstation neben dem visuellen Board gesammelt. Häufen sich diese an, ist das gleich sichtbar und es kann sofort an der Eskalation gearbeitet werden. Unter Eskalation verstehen wir eine neue Priorisierung, eine Beschaffung von zusätzlichen Ressourcen, eine Abstimmung mit dem Management und eine neue Terminfindung, was durch den Leader initiiert und begleitet wird.

IMPULS

Wie kann man Eigenverantwortung nun in der Praxis nach vorne bringen? Indem Sie eine Plattform gestalten, indem das Team miteinander auf Ziele hinarbeitet. Das bedeutet, dass notwendige Aufgaben miteinander besprochen, abgeglichen, verteilt, Schnittstellen geklärt und umsetzbare Termine definiert werden. Und das so, dass das Team selbstständig miteinander arbeitet, ohne Ihre Vorgaben. Erst wenn das Team vor einer nicht lösbaren Aufgabe steht, stehen Sie unterstützend zur Verfügung. Der Fokus soll auf Notwendigem und Gewinnbringendem liegen.

Diese Zusammenarbeit benötigt gemeinsames Training und Sie als Leader geben dem Team die Leitplanken dafür in Form von Informationen, Erklärungen, Hilfsmitteln etc., damit alle bestmöglich in ihrer jeweiligen Rolle zusammenarbeiten können. Sie sind dabei der Beobachter, der erkennt, wann es notwendig ist, im Team oder im Einzelgespräch notwendige Optimierungen der Arbeitsweise anzusprechen und gemeinsam Lösungen zu finden.

Der Methodenmix machts: Kombinationen von agilen Methoden sind absolut zulässig und manchmal kann es sinnvoll sein, dass nur bestimmte Bereiche der Methoden genutzt werden. Sie als Leader haben die Flexibilität, das so zu gestalten, wie es Ihnen und dem Team dienlich ist (Zeit, Ablauf, Themen etc.). Der Ablauf der Meetings zeigt Ihnen, wie routiniert Sie, Ihr Team und Ihre Schnittstellenpartner im virtuellen täglichen Arbeiten tatsächlich sind.

Und das ist das tatsächlich Agile. Ihre Plattform zeigt Ihnen täglich, wie stabil die Zusammenarbeit ist.

Unterstützt Ihre Plattform das Vertrauen, die Kommunikation und die Transparenz? Wenn ja, sehen Sie anhand des visuellen Boards, wie flexibel und produktiv Sie und Ihr Team durch das Bearbeiten der Aufgaben der Projekte tatsächlich sind oder ob es an Ressourcen mangelt (was ein Anhäufen von Aufgaben zur Folge hat).

Wir wissen, dass sich die Zusammenarbeit in virtuellen Teams interagierend durch Rollendenken und Gemeinsamkeiten, wie das Arbeiten nach gleichen Methoden, herausbilden kann, wobei die Mitglieder sich aus gegebenem Anlass zusammenschließen. Das kollaborative Miteinander in einer lernenden Organisation spielt dabei eine wichtige Rolle. Die Teammitglieder organisieren alle Aufgaben selbst und jeder hat dieselben Rechte und Pflichten, bei unterschiedlichen Kompetenzen. Alle Fachbereiche, die zur Lösung beitragen, sollten vertreten sein, was bedeuten kann, dass interne und externe Partner zu den Meetings eingeladen werden.

Das gemeinsame Gestalten einer virtuellen Kommunikationsplattform erzeugt Vertrauen sowohl auf der Seite des Leaders als auch auf der der Mitarbeitenden. Durch das

Miteinanderlernen mit neuen Regeln, neuen Rollen, Berechtigungen und Hilfsmitteln wird am gemeinsamen Vertrauen gearbeitet. Ein Sich-Kennenlernen wird durch das Zusammenarbeiten möglich und Entscheidungen werden zusammen gefällt.

Zahlreiche Projektmanagementtools sind die digitale Antwort auf das Papier-Board an der Wand und erleichtern das Arbeiten in virtuellen Teams. Diese Tools machen die Abstimmung von Aufgaben möglich, sie sorgen damit für mehr Transparenz beim Status der einzelnen Aufgaben und informieren schlussendlich auf Knopfdruck über den Projektfortschritt.

Wollen Sie motivierte Mitarbeitende, die gerne miteinander arbeiten und gleichzeitig Prozessoptimierungen beisteuern? Sie als Leader sind der Schlüssel, der die Tür dafür öffnet, indem Sie sicherstellen, dass notwendige Tools zur Verfügung stehen, die Fähigkeiten für die Zusammenarbeit im Team mit den kollaborativen Tools geschult werden und die fachliche Kompetenz der Mitarbeitenden vorliegt, die Tools richtig anzuwenden.

4.3.4 WIE FÖRDERN SIE SELBSTORGANISATION?

Haben Sie das auch schon erlebt: Das Meeting ist kurz vor dem Start und Sie sind bereit zur Einwahl – aber Ihr Gesprächspartner ist virtuell nicht da. Wertvolle Zeitressourcen gehen verloren – denn nicht nur der, der warten lässt, sondern alle anderen Wartenden verlieren Zeit. Um die Achtsamkeit innerhalb des Teams zu stärken, wird der Kalender von allen gepflegt und geteilt. Somit ist für jeden ersichtlich, was gerade im Team passiert, was ansteht und wo Urlaubsvertretungen zu planen sind. Durch die Transparenz ist man darüber informiert, wann wer wie erreichbar ist, und Termine können effektiv vereinbart werden.

Bringen Sie in das Virtuell Work möglichst rasch eine Alltagsroutine hinein. Damit geben Sie den Teammitgliedern das Gefühl von Beständigkeit, von Wiederholung innerhalb eines Change-Prozesses, und machen ihnen den Umgang mit dem Neuen leichter. Eine Routine könnte zum Beispiel sein, dass Sie einmal am Tag mit jedem sprechen oder jeden Donnerstag allen ein Update zur Organisation senden, natürlich stehen diese Termine für alle sichtbar im Kalender.

Eine Kultur der Autonomie ist notwendig, damit eine hohe Effizienz entwickelt werden kann. Diese Autonomie setzt ein hohes Vertrauen voraus, das bisher existierenden Systemen entgegensteht, die auf Kontrolle, Misstrauen und Anweisungen basieren. Das eigenständige Arbeiten innerhalb komplexer Zusammenhänge, die kollaborative Zusammenarbeit und das Verständnis für die Bedürfnisse von anderen sowie die Bereitschaft, das eigene Wissen offen mit anderen zu teilen, sind die Erfolgsfaktoren, die Autonomie möglich machen (vgl. Spiegel, 2019, S. 77).

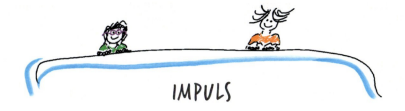

IMPULS

Eine wertschätzende und verbindliche Meeting-Etikette zeichnet sich durch folgende Punkte aus:
- Verständigen Sie sich auf ein Konferenztool.
- Klären Sie mit der IT-Abteilung, wie der Download bzw. die Installation für alle erfolgt.
- Aktualisieren Sie regelmäßig die Software.

4.4 Implementierung

Mit dem Aktionsplan sorgen Sie für Transparenz, Prioritäten und Kommunikation im Team. Das ist das Essenzielle des Virtuell Work. Mit dem Team wird der Detaillierungsgrad vereinbart und die Komplexität wird in gemeinsamen Diskussionen zugrunde gelegt, sodass die Ziele dementsprechend eingetragen und dann Schritt für Schritt in der Abfolge umgesetzt werden. So ist der Aktionsplan für alle nachvollziehbar, sowohl von Ihren Mitarbeitenden als auch von den Vorständen und Geschäftspartnern.

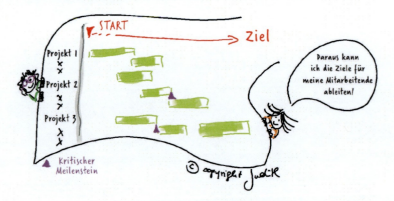

Ziele sind zum einen langfristig, zum anderen kurzfristig anzusetzen. Dabei sollten immer fünf Aspekte, namentlich SMART (Augspurger, 2016, S. 46), Berücksichtigung finden, damit die Ziele auch tatsächlich als Pläne, Handlungsweisungen und Meilensteine genutzt werden können. Diese Ziele sowie Ziele der Mitarbeitenden sind Unternehmensziele. Es geht neben dem zeitlichen Ablauf und der Ressourcenplanung schlussendlich auch um Kosten und Nutzen.

ZEITRAHMEN DER IMPLEMENTIERUNG

EMPFEHLUNG: 8. BIS 11. WOCHE

TIPP

Bewährt hat sich in unserem Beispiel, die Phase der Implementierung in einer Zeitphase zwischen der 8. und 11. Woche durchzuführen.

HINTERGRUNDWISSEN

Ziele sollten stets nach dem SMART-Prinzip (Augspurger, 2016, S. 46) formuliert und vereinbart werden:

Specific – Einfache, klar definierte und relevante Ziele.
Measurable – Ziele müssen messbar und vergleichbar sein.
Achievable – Erreichbare Ziele setzen.
Realistic – Ziele müssen realistisch und umsetzbar sein.
Time-based – Die Ziele müssen klare Start- und Endpunkte haben oder zeitlich abgrenzbar sein.

4.4.1 UMSETZUNG: AGILE AGENDA UND TRAINING

Für die Durchführung des Projektes war es uns wichtig, unsere Mitarbeitenden von Anfang an einzubeziehen. Als Leader geben wir den Rahmen vor, in dem sich unsere Mitarbeitenden bewegen können. Es ist uns ein Anliegen, dass dieser Rahmen Step by Step ausgeweitet wird, indem wir sie befähigen, mehr und mehr in Eigenverantwortung zu handeln, wobei ihre Kompetenzen und die Zusammenarbeit fortlaufend ausgebaut werden.

Wir sehen uns in der Rolle einer begleitenden Führungskraft und nutzen weiterhin regelmäßige Gespräche mit den Mitarbeitenden. In Einzelgesprächen und Teammeetings setzen wir auf das gemeinsame Finden von Lösungen. Dabei geht es darum, dass das Team den Weg zur Lösung durchleben kann und weniger Lösungen vom Leadership vorgegeben werden. Wir stehen unterstützend zur Seite, wenn das Team nicht mehr weiterkommt. Wenn es hemmende Faktoren gibt, gilt es diese zu verstehen und darüber nachzudenken, wie sie beseitigt werden können und was das Team zusätzlich an Fachkompetenz und Entscheidungskompetenz benötigt.

Nach der Entscheidung, dass virtuell geführt werden soll, haben uns die folgenden Schritte bei der Implementierung sehr unterstützt:

Zum Start ist eine gemeinsame Veranstaltung, ein Kick-off, ratsam. Hier werden alle Teilnehmer auf die Vision, die Mission und die Ziele eingeschworen. Sie übernehmen als Leader sowohl die Rolle der Führungskraft als auch die der Moderation. Mit kreativen Methoden bringen Sie das Team in Interaktion, sammeln Eindrücke, Anregungen, Befürchtungen und Erwartungen. Dies ist ein erster Schritt für das zukunftsweisende, gemeinsame Arbeiten im Team.

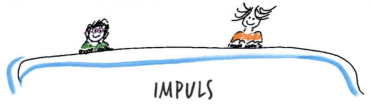

IMPULS

**MEINE ZIELE UND DIE ZIELE DER TEAMMITGLIEDER
– AUF EIN GEMEINSAMES ZIEL ABGESTIMMT**

**MEINE ZIELE ZUERST, UND DARAUS WERDEN
DIE ZIELE DER TEAMMITGLIEDER ABGELEITET:**

- ....
- ....
- ....
- ....
- ....
- ....

Als Nächstes folgt das gemeinsame Gestalten der Plattform sowie das Training damit. Hier werden Mitarbeitende mit einbezogen und es werden ihnen erste Einblicke in die neue Arbeitsweise gegeben, was das Erläutern von neuen Begriffen, ein Ausprobieren der Tools und das gemeinsame Festlegen von Regeln beinhaltet. Wir sind davon überzeugt, dass mit diesem Vorgehen der Unsicherheit gegenüber dem Neuen entgegengewirkt wird. Aufgrund dessen setzen wir einen Workshop mit folgenden Themen an:

- Einführung und Erklärung des Hintergrundes für das Projekt.
- Vorstellung des Konzepts und Training anhand eines vorbereiteten Boards.
- Gemeinsame Definition der Regeln und Prozesse für die zukünftige Zusammenarbeit.
- Aufbereitung der aktuellen Projekte und der Aufgaben pro Projekt durch die Mitarbeitenden in ihren Aufgabenbereichen.

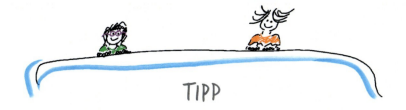

TIPP

Schritte bei der Implementierung

- ✓ Kick-off-Veranstaltung
- ✓ Workshop zur Gestaltung der Plattform und Training
- ✓ Begleitung mit Fortschrittskontrolle (Checks)

IMPULS
MEIN FLIPCHART FÜR DAS KICK-OFF

ZUERST UNTERNEHMENSZIELE, UND DARAUS WERDEN DIE ZIELE DER TEAMMITGLIEDER ABGELEITET:

- ....
- ....
- ....
- ....
- ....
- ....

Die weitere Begleitung im Virtuell Work findet mit einer Fortschrittskontrolle, in regelmäßigen Trainings und dem Anwenden der agilen Methoden statt. Trainieren Sie das Kennenlernen dieser Methoden in einem geschützten Raum, in dem sich alle wohlfühlen. Hier ist eine gelebte Fehlerkultur ausschlaggebend für das Ausprobieren, Scheitern, Testen, Wiederholen und Fortschreiten in den neuen Formaten.

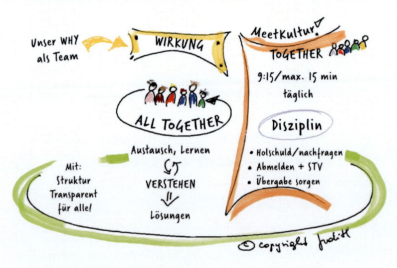

Die virtuelle Kommunikationsplattform bietet jederzeit Transparenz zum jeweiligen Status und den Tätigkeiten innerhalb der Projekte. Diese Transparenz ermöglicht ein Gespräch zur Ressourcenplanung und Priorisierung innerhalb des Teams.

Unserer Erfahrung nach beginnt das Team ab der achten Woche mehr und mehr in Prozessen zu denken, das Silodenken weicht dem Teamspirit und unklare Prozessabläufe werden selbstorganisiert und eigenverantwortlich in einem visuellen Board in Papierform festgehalten. Eine gemeinsame Lernkultur wird zusammen geformt.

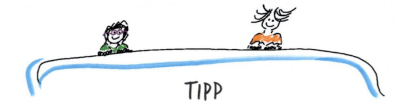

TIPP

Folgende Meilensteine haben sich bei unserem Training im Team bewährt:
- Gemeinsame Gestaltung des visuellen Boards (wir starten gerne in Papierform).
- Überführung der laufenden Projekte und Aufgaben auf das Board.
- Testlauf mit kollaborativen Tools (z. B. Sichtbarkeit des Boards und Tonqualität, Chatfunktion) hinsichtlich der Praktikabilität des Boards.
- Regelmäßige virtuelle Stand-up-Meetings zur Besprechung der Aufgaben.

4.5 Reflexion

Geschafft! Jetzt heißt es: dranbleiben!
Die wichtigsten inhaltlichen Themen sind in dieser Phase in das Team transformiert worden. Eine Erfahrung, die Sie sicherlich auch machen werden, ist, dass die neue Struktur, das Rollenverständnis, das neue Verständnis für die Tätigkeiten und deren Abhängigkeiten zu einer besseren Koordination der Aufgaben sowie zu einer genaueren Einhaltung der Deadlines führen. Jeder im Team kann die Moderation der virtuellen Kommunikationsplattform übernehmen. Der Überblick über die Aufgaben ist gegeben und die Teammitglieder unterstützen sich gegenseitig bei der Ressourcenplanung und Umsetzung. Die Eigenverantwortung und die Verantwortung für das Umsetzen sowie das Erreichen gemeinsamer Ziele werden jedem Mitarbeitenden durch das interaktive Teamwork möglich gemacht. Das Team arbeitet ortsunabhängig und selbstorganisiert. Vor allem ist die Visualisierung sowohl der Projekte als auch der täglichen Arbeit interessant. Alle Teammitglieder können den Fortschritt erkennen, die Zielverfolgung wird erleichtert, die Zusammenarbeit erhöht sich und auf Basis der Struktur durch die gemeinsame Plattform kann die Agilität für das Unternehmen gesteigert werden.

Die Kombination von agilen Methoden und den regelmäßigen virtuellen Stand-up-Meetings unterstützt die Mitarbeitenden dabei, noch besser als Team zusammenzuarbeiten, indem miteinander und voneinander gelernt wird.

ZEITRAHMEN DER REFLEXION

EMPFEHLUNG: 12. WOCHE

TIPP

Bewährt hat sich in unserem Beispiel, die Reflexion nach einem Zeitraum von 12 Wochen durchzuführen.

- Die virtuellen Stand-up-Meetings sollten anfangs täglich, dann in größeren Abständen stattfinden. Das Team spürt schnell, welches Intervall sinnvoll ist.
- Das visuelle Board liefert jederzeit Transparenz über den jeweiligen Status der Projekte und die Tätigkeiten innerhalb der Projekte.
- Diese Transparenz ermöglicht ein Gespräch zur Ressourcenplanung und Priorisierung innerhalb des Teams.
- Der Einsatz der Chat-Funktion unterstützt die Kommunikation.
- Es empfiehlt sich, durch eine Befragung mit einem standardisierten Interviewbogen die Mitarbeitenden im Change-Prozess zu begleiten.
- Chance für die Führungskraft: Wo sind die Mitarbeitenden im Team nach dem Projekt, z. B. welcher Entwicklungsstatus liegt vor?
- Chancen für die Mitarbeitenden: Selbstreflexion und Teamspirit, z. B. die Erkenntnis, dass sie im Team mit virtuellen Tools noch effizienter und effektiver lernen und arbeiten.

4.5.1 BEGLEITUNG: CHANGE UND ERFOLGSFAKTOREN

Ab diesem Zeitpunkt ist eine Begleitung in Form einer regelmäßigen Reflexion notwendig. Sogenannte Impulse, Checks, sollen dabei unterstützen, dem Team und den Mitarbeitenden bei aufkommender Agilitätsmüdigkeit in die nächsten Schritte zu gehen (vgl. Lasnia & Nowotny, 2018, S. 121).

Ziel der Checks ist es, einen Lernfortschritt zu erkennen. Zusätzlich kann aus ihnen abgeleitet werden, ob weitere Schulungen zur Methode benötigt werden. Wir empfehlen Ihnen als Führungskraft, die Befragungen in einem persönlichen Gespräch und mit einem vorbereiteten Fragebogen vorzunehmen. Dies kann durchaus in einem virtuellen Rahmen geschehen – in Abhängigkeit von der Typologie Ihres Mitarbeitenden. Im Anschluss an die Interviewreihe werden Sie den Status der Akzeptanz der Methode durch die Mitarbeitenden erkennen. Hier gilt es nun, die Ergebnisse mit dem Team zu teilen, sodass alle daran partizipieren.

MEINE NOTIZEN

Sie werden erleben, welche Freude und Zufriedenheit sich im Team ausbreitet, wenn einzelne Aufgaben in das Feld „erledigt" gezogen werden. Feiern Sie diese kleinen und großen Erfolge.

Die virtuelle Koordination durch Sie als Leadership geht nach und nach in eine virtuelle Kooperation aller Mitarbeitenden über. Das Denken in eigenen Tätigkeiten wird in ein Projektdenken transformiert, das – trotz räumlicher Distanz – auf gegenseitigem Vertrauen basiert.

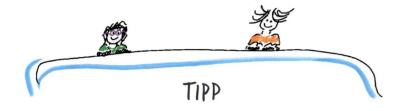

TIPP

Wir empfehlen, zuerst mit einem Trockentraining zu beginnen, um die Methode miteinander spielend zu visualisieren und haptisch an die Wand zu bringen (bis eine ganze Wand voll wird). Das miteinander Arbeiten gibt der Kreativität einen ganz besonderen Drive. Unsere Erfahrung dabei ist, dass Mitarbeitende dabei in der Lage sind, Begrenzungen der Firmenstruktur aufzuzeigen, z. B. falsches Rollenverständnis oder wenn Aufgaben nicht als Aufgaben verstanden werden oder Stellvertretungen nicht geklärt sind. Zusammenhänge zwischen mehreren To-dos sind unklar, das Verständnis für notwendige To-dos für andere Tätigkeiten ist nicht vorhanden. Das Verstehen vermittelt Power, da es allen die Möglichkeit gibt, über den Tellerrand zu sehen.

Durch Verstehen und die Anfertigung der eigenen Karten gelangt das Team zur Eigenverantwortung. Wenn die Methode von allen verstanden wird, beginnt das Team selbst über Lösungen nachzudenken und Ideen einzubringen. Zugleich bildet sich ein Verständnis für zeitliche Abhängigkeiten, Termine, Deadlines, die nicht einzuhalten sind, etc.

Wichtig ist stets die Feedbackschleife: Was hat es gebracht? Gibt es etwas, was vergessen wurde? Was sollten wir demnächst anders machen bzw. was sollten wir genauso fortsetzen?

5 EIN BLICK IN DIE ZUKUNFT

Als Ergebnis unserer Transformationen können wir nach drei Monaten als Mehrwert aufzeigen, dass die kollaborative Zusammenarbeit und das gemeinsame Voneinanderlernen ein neues Rollenverständnis kreiert haben. Jedes Teammitglied sieht die Projekte im Ganzen. Es wird gemeinsam entschieden, wie die Tätigkeiten ausgeführt werden sollen, Stellvertretungen können von jedem Teammitglied für jede Rolle übernommen werden. Die durch die virtuelle Kommunikationsplattform geschaffene Transparenz, regelmäßige Meetings und ein gemeinsames Projektmanagementtool bieten ein Format, welches ein gemeinsames Arbeiten auf der Basis von Vertrauen auf Distanz möglich macht.

Die nachhaltige Einführung von Virtuell Work setzt voraus, dass die Führungskräfte aller Hierarchiestufen diesen Prozess aktiv unterstützen. Die Unternehmensleitung muss hinter der Kultur des ortsunabhängigen Arbeitens stehen und diese als festen Teil in der Strategie verankern. Das Leadership ist der Dreh- und Angelpunkt, es ermöglicht in der Rolle des Coachs eine Struktur in Form einer virtuellen Plattform durch den Einsatz von Kommunikation sowie durch Methoden- und Fachkompetenz.

Wir sind davon überzeugt, dass kollaborative Tools die Zusammenarbeit von Teams und externen Partnern fördern und gleichzeitig das Budget schonen, indem sie die Reisekosten senken und damit auch die Umwelt schonen. Das Leadership und das Management gewinnen damit noch mehr Bedeutung, denn in dieser Führungsrolle entscheidet der Leader über den Einsatz der Techniken, der Kommunikation und der Zusammenarbeit unter den Teammitgliedern.

Es ist die Aufgabe und Verantwortung des Leadership, diese

Plattform zu initiieren, zu begleiten, fortlaufend zu reflektieren und, wenn notwendig, entsprechende Maßnahmen in Form von Anpassungen einzuleiten. Selbstreflexion sehen wir als notwendige Führungskompetenz. Es ist unerlässlich, sich in der Rolle des Leaderships fortlaufend zu fragen, wo an sich gearbeitet werden muss. Am wirkungsvollsten ist es, wenn die gesamte Führungsflotte über einen gemeinsamen Ausbildungsweg lernt. Das führt zu einem gemeinsamen Verstehen und ist die beste Voraussetzung dafür, den Weg zur Vision gemeinsam zu skizzieren und auszuformulieren. Gleichzeitig ist es der Schlüssel zur Vorbildwirkung für Ihre Mitarbeitenden. Zusätzlich muss z. B. mit emotional aufgeladenen Situationen gerechnet werden, mit denen sachlich umgegangen werden muss. Generell gilt, dass das Führen auf Distanz mit den neuen Medien, insbesondere der Einsatz der Videokamera und der Chatfunktion, neu zu erlernen ist, damit auf der Basis gemeinsamen Vertrauens miteinander gearbeitet werden kann.

Es ist zu erwarten, dass sich die Technologie weiterhin rasant entwickelt. Mit weiteren Herausforderungen muss gerechnet werden. Denn erfahrungsgemäß muss davon ausgegangen werden, dass ein nicht zu unterschätzender Teil des Leaderships und der Mitarbeitenden für den Einsatz in virtuellen Teams nicht geeignet sind. Um all diesen Herausforderungen, Erwartungen und Anforderungen gewachsen zu sein, ist ein Fokus auf die fortlaufende Weiterbildung des Leaderships und der Mitarbeitenden notwendig.

Eine Erstellung der Ist-Analyse ist auf allen Managementebenen notwendig. Der Einbezug der Mitarbeitenden in diesen Prozess ist von zentraler Bedeutung. Auf Basis der Ist-Analyse können Leitlinien für virtuelle Teams und das Remote Management erarbeitet werden. Besonderes Augenmerk muss auf die Aspekte Legal & Compliance, Human Resources und IT-Abteilung gelegt werden. Es gilt jedoch auch, Themen der Ergonomie, verfügbare Bandbreite, verschiedenste Homeoffice-Arbeitsmodelle, Datensicherheit und -schutz etc. zu prüfen.

Die Bildung einer Community of Practice (Lasnia & Nowotny, 2018, S. 121) macht in größeren Unternehmen sicher Sinn, damit das Wissen innerhalb des Unternehmens gesichert werden kann. Wir verstehen dabei, dass der Change-Prozess und die gemachten Erfahrungen festgehalten werden und immer wieder darauf zurückgegriffen werden kann.

Im Fokus sehen wir ein Vernetzen der Teams untereinander und der Teams miteinander.

Spätestens mit der weltweiten Situation rund um Covid-19 waren Unternehmen gezwungen, Remote Management einzuführen. Die gemeinsame physische Präsenz von Personen, vor allem in größeren Gruppen, sollte von einem Tag auf den anderen möglichst vermieden werden. Diese Anforderungen zwangen Unternehmen nachhaltig, kulturelle Gewohnheiten zu hinterfragen und neu auszurichten, ihre Führungskultur zu überdenken und sie gemeinsam mit dem Leadership anzupassen.

Geschäftsleitungen von Unternehmen, die den Einsatz von virtuellen Teams und Remote Management als strategisches Thema erkennen und auf Basis der gemachten Erfahrungen eine Strategie für die Zukunft entwickeln, werden auch in Zukunft wettbewerbsfähig und anderen Unternehmen einen Schritt voraus sein. Nur wenn die Unternehmensleitung das Vorhaben unterstützt und den Rahmen für ortsunabhängiges Arbeiten vorgibt, wird aus einem Change-Management ein Innovations-Management. Bei der Erarbeitung der Strategie empfehlen wir den frühzeitigen Einbezug von

Remote-Managern, um auffällige Widerstände zu adressieren. Gleichzeitig kann auf Erfahrungen anderer Unternehmen zurückgegriffen werden. Bei der Umsetzung der Strategie ist darauf zu achten, dass zeitgemäße Tools eingesetzt werden, die der neuen Arbeitsweise eine Struktur geben.

Und noch ein Impuls von unserer Seite: Bei aller Euphorie für die mögliche Zeit- und Kosteneinsparung, die das ortsunabhängige Arbeiten bietet, sollte die menschliche Komponente weiter im Fokus stehen. Es ist unabdingbar, gegenüber den Mitarbeitenden Interesse zu zeigen. Der Schlüssel zum Erfolg liegt in Ihren Mitarbeitenden. Der wahre Wettbewerbsvorteil liegt in dem Erkennen der Bedürfnisse der Mitarbeitenden, damit eine optimale Plattform der Zusammenarbeit geschaffen werden kann.

> „IT'S ALL ABOUT PEOPLE – INSPIRATION."
>
> *Judith & Ria*

LITERATURVERZEICHNIS

Alexander, A., De Smet, A., & Mysore, M. (7. Juli 2020). *Die postpandemische Belegschaft neu denken.* Von https://www.mckinsey.com/: https://www.mckinsey.com/business-functions/organization/our-insights/reimagining-the-postpandemic-workforce.

Augspurger, T. (2016). *Neu als Chef - Wie Sie Ihren Weg finden.* 79111 Freiburg: Haufe-Lexware GmbH & Co. KG.

Bick, R., Seywald, K., & Welchman, T. (10. Juli 2020). *Drei wichtige Fragen für die Zukunft der Fernarbeit.* Von https://www.mckinsey.com/: https://www.mckinsey.com/business-functions/organization/our-insights/the-organization-blog/three-important-questions-for-the-future-of-remote-work.

Deloitte Deutschland. (März 2020). *Remote Collaboration.* Von deloitte: https://www2.deloitte.com/content/dam/Deloitte/de/Documents/human-capital/Remote-Collaboration-COVID-19.pdf.

Deltl, J. (März 2020). *PESTEL Analyse.* Von strategische-wettbewerbsbeobachtung: https://www.strategische-wettbewerbsbeobachtung.com/pestel-analyse/.

Eberharter, J., & Klingelhöller, R. (10. Mai 2021). *5 Phasen der virtuellen Integration ortsunabhängiger Teams.* 8185 Winkel, Zürich, Schweiz.

Fleig, J. (7. Dezember 2017). *Vorgehensweise bei der Nutzwertanalyse.* Von business-wissen: https://www.business-wissen.de/hb/vorgehensweise-bei-der-nutzwertanalyse/.

Fleig, J. (12. Juni 2018). *So wird eine SWOT-Analyse erstellt.* Von business-wissen: https://www.business-wissen.de/

artikel/swot-analyse-so-wird-eine-swot-analyse-erstellt/.

Häberli, S. (16. April 2019). *Neue Zürcher Zeitung.*

Hillebrand, N. (10. April 2009). *Relevanzbaumanalyse.* Von https://www.gpm-hochschulen.de: https://www.gpm-hochschulen.de/wordpress/wp-content/uploads/2016/09/Relevanzbaumanalyse.pdf.

Johnson, W. (31. Oktober 2019). *Aus der Ferne führen.* Von https://sloanreview.mit.edu/: https://sloanreview.mit.edu/article/leading-remotely/.

kanbanize. (12. Juli 2020). *Die 5 Warums: Das ultimative Tool zur Grundursachenanalyse.* Von https://kanbanize.com/: https://kanbanize.com/de/lean-management-de/verbesserung/5-warums-analyse-tool.

Kotter, J. P., & Rathgeber, H. (2017). *Das Pinguin-Prinzip.* München: Droemer Verlag.

Kühn, A. (6. September 2019). *Smart Work: „Flexibles Arbeiten braucht klare Strukturen"* (Video und Text). Von xing.com: https://www.xing.com/news/articles/smart-work-flexibles-arbeiten-braucht-klare-strukturen-2587842?cce=em5e0cbb4d.%3AkvnVtz4q0BPywNVzMrIzAp.

Lasnia, M., & Nowotny, V. (2018). *Agile Evolution.* Göttingen: BusinessVillage GmbH.

Pelz, W. (23. Mai 2016). *Microsoft Word - _TF - Online-Version. docx.* Von Institut für Managment-Innovation Prof. Dr. Waldemar Pelz: https://www.management-innovation.com/download/Transformationale-Fuehrung-Forschung-Praxis.pdf.

Erstellen Sie ein neues Business Model Canvas - Canvanizer. Von canvanizer: https://canvanizer.com/new/business-model-canvas

Puckett, S., & Neubauer, R. (2018). *Agiles Führen.* Göttingen: Business Billage GmbH.

Spiegel, P. (2019). *WeQ Economy.* München: oekom verlag.

Sprenger, R. K. (2007). Vertrauen führt. Frankfurt/Main: Campus.

Sprenger, R. K. (2019). *Radikal Digital.* München: Pantheon.

Sridhar, K. (2019). *Das einzige Führungsbuch, das Sie im digitalen Zeitalter noch benötigen.* München: Redline Verlag.

Wiechmann, R., & Paradiek, L. (2020). *Agile Werte leben.* Heidelberg: dpunk.verlag GmbH.

Zelesniack, E., & Grolman, F. (11. Juli 2020). *Die besten Change Management Modelle im Vergleich - inito.* Von https://organisationsberatung.net/: https://organisationsberatung.net/change-management-modelle-im-vergleich/.